2. BASIM

PANİK BOZUKLUK

Ali Turan Barniç

nobel

PANİK BOZUKLUK
Ali Turan Barniç

Yayın No.: 4219
Psikoloji-PDR: 352
ISBN: 978-625-427-007-9
E-ISBN: 978-625-427-008-6
Basım Sayısı: 2. Basım, Temmuz 2022

Genel Yayın Yönetmeni: Nevzat Argun -nargun@nobelyayin.com-
Genel Yayın Koordinatörü: Gülfem Dursun -gulfem@nobelyayin.com-

Alan Editörü: Onur Uysal -onur@nobelyayin.com-

Sayfa Tasarım: Dicle Korkmaz -dicle@nobelyayin.com-
Redaksiyon: Bahar Yanbolulu -baharyanbolulu@nobelyayin.com-
Kapak Tasarım: Mervin Selda Adal -mervin@nobelyayin.com-
Görsel Tasarım Uzmanı: Mehtap Yürümez -mehtap@nobelyayin.com-
Baskı Sorumlusu: Yavuz Şahin -yavuz@nobelyayin.com-

Kütüphane Bilgi Kartı

Barniç, Ali Turan.
Panik Bozukluk
2. Basım, XIV + 122 s., 13,5x21,5 cm.
Kaynakça var, dizin yok.
ISBN: 978-625-427-007-9
E-ISBN: 978-625-427-008-6
1. Panik 2. Psikoterapi 3. Kaygı

Genel Dağıtım

ATLAS AKADEMİK BASIM YAYIN DAĞITIM TİC. LTD. ŞTİ.
Adres: Bahçekapı Mh. 2465 Sk. Oto Sanayi Sitesi No:7 Bodrum Kat, Şaşmaz/ANKARA
Telefon: +90 312 278 50 77
Faks: 0 312 278 21 65
Sipariş: siparis@nobelyayin.com
E-Satış: www.nobelkitap.com - esatis@nobelkitap.com
www.atlaskitap.com - info@atlaskitap.com

Dağıtım ve Satış Noktaları: Alfa Basım Dağıtım, Arasta, Arkadaş Kitabevi, D&R Mağazaları, Dost Dağıtım, Kika, Kitapsan, Nezih Kitabevleri, Odak, Pandora, Prefix, Remzi Kitabevleri

Baskı ve Cilt

Meteksan Matbaacılık ve Teknik Sanayi Tic. Anonim Şirketi
Sertifika No.: 46519
Beytepe Köy Yolu No.: 3 06800 Bilkent-Çankaya/ANKARA

Sevgili büyükbabam Polat Barniç
ve babam Bekir Barniç anısına...

İÇİNDEKİLER

EKLER ... **ix**
ŞEKİLLER ... **xi**
TABLOLAR ... **xiii**

BİRİNCİ BÖLÜM
PANİK BOZUKLUK ... **1**
GİRİŞ ... 3
Tarihçe ... 4
Panik Bozukluk ... 5
Panik Bozukluk Tanı Özellikleri ve Belirtileri ... 7
Panik Bozukluğun Fiziksel Belirtileri ... 10
Panik Bozukluğun Psikolojik Belirtileri ... 11
Panik Bozuklukta Bir Sonraki Atak Bekleyişi (Beklenti Anksiyetesi) ... 12
Kaçınma Davranışları (Agorafobi) ... 12
Panik Bozukluk ile Kaçınma (Agorafobi) İlişkisi ... 15
Panik Bozukluk Görülme Sıklığı (Epidemiyoloji) ... 16
Eş Tanı ... 16
Panik Bozukluğuna Eşlik Eden Psikolojik Rahatsızlıklar ... 16
Panik Bozukluğuna Eşlik Eden Organik Rahatsızlıklar ... 18
Panik Bozukluk Neden Son Yüzyılımızın Bir Ruhsal Hastalığıdır? ... 18
Panik Bozukluğu Ortaya Çıkaran Nedenler (Etiyoloji) ... 19
- Psikanalitik Görüş ... 19
- Biyolojik Etkenler ... 19
- Genetik ... 20
- Öğrenme Kuramları ... 21
- Bilişsel Model ... 21
- Erken Yaşam Olayları ... 22
- Ayrılık Kaygısı (Anksiyetesi) ... 23
- Stresli Yaşam Olayları ... 23
- Bağlılık ve Kaybetme Durumu ... 24

Hastalığın Gidişatı ... 24
Panik Bozukluğunu Diğer Hastalıklardan Ayırma ... 26
Panik Atağa Neden Olan Fiziksel Hastalıklar ... 26
Panik Atağa Neden Olan Psikiyatrik Bozukluklar ... 27
- Agorafobi ... 27

Depresyon 28
Genel Özellik Taşıyan Kaygı Bozukluğu 28
Takıntı ve Zorlantı Bozukluğu (Obsesif-Kompulsif) 29
Sosyal Fobi 29
Özgül Fobi 29
Paranoid 29
Hipokodriyazis 30
Kişilik Bozuklukları 30
Panik Bozukluğu ve Alkol Bağımlılığı 30
Panik Bozukluk ve İntihar İlişkisi 30
Panik Bozukluk Tanısı Almış Hastaların Sosyokültürel Farklılıkları 31
Panik Bozuklukta Yaşam Kalitesi 31
Bölüm Özeti 32

İKİNCİ BÖLÜM
PANİK BOZUKLUK VE HİPERTANSİYON 33
Beyaz Önlük Hipertansiyonu 35
Ne Zaman Hipertansiyon Tanısı Konur? 35
Panik Bozukluk Hastalarının Hipertansiyon ile İlgili Bilişsel Durumu ... 36
Panik Bozukluk Hastalarına Hipertansiyon ile İlgili Yaklaşım 36
Panik Bozukluk Hastalarının Hipertansiyon ile İlgili Kaygılarının Tedaviye Etkisi 37
Panik Bozukluk ile Beraber Seyreden Hipertansiyon Tedavisi 37
Bölüm Özeti 38

ÜÇÜNCÜ BÖLÜM
PANİK BOZUKLUK TANISI ALMIŞ HASTALARIN YAŞAM ÖZETİ 41
On İki Soruyla Panik Bozuklukta Ortak Yaşam Olayları Var mıdır? 43
Ortak Yaşam Olayları 44
Travma 44
Aile İçi Şiddet 45
Panik Bozukluk Tanısı Alan Hastaların Yaşadığı Aile İçi Şiddet Oranı 46
Yas ve Kayıp 48
Ölüm Korkusu 50
Panik Bozukluk Tanısı Almış Hastaların Panik Öncesi Ebeveyn Ayrılık Durumu 52
İlk Panik Öncesi Cinsel İstismar 52
İlk Panik Öncesi Evlilik ve İlişki Durumu 53
Hastalık Korkusu (Hipokondriasis) 55
Aşağılanma 57

Okul Dönemi 58
Bölüm Özeti 59

DÖRDÜNCÜ BÖLÜM
PANİK BOZUKLUK TEDAVİSİ 61
İlaç Tedavisi 63
Antidepresanlar 65
Kaygı Giderici İlaçlar 65
Diğer İlaçlar 65
Diğer Alternatif Tedaviler 65
Panik Bozukluk Tedavisine Yönelik Son Gelişmeler 66
Bölüm Özeti 66

BEŞİNCİ BÖLÜM
PSİKOTERAPİ 67
Psikoterapi Tanımı 69
Psikoterapinin Amaçları 69
Psikoterapi Türleri 70
Psikoterapistin Hastaya Yaklaşım Biçimi ve Tutumuna Göre Psikoterapiler 70
Ruhsal Rahatsızlık Anlayışı ve Kuramsal Ortaya Çıkış Noktasına Göre Psikoterapiler 70
Tedavi Durumuna Yapısına ve Biçimine Dayanan Psikoterapiler 71
Psikanalitik Psikoterapi 71
Davranışçı Psikoterapi 72
Bilişsel Psikoterapi 72
Bilişsel Davranışçı Psikoterapi 72
Varoluşçu Psikoterapi 73
Panik Bozukluk Tedavisinde Psikoterapinin Önemi Nedir? 74
Panik Bozukluk ve Psikoterapi 75
Panik Bozukluk Tanısı Almış Hastaların Tedavilerine Yönelik Psikiyatrik Yaklaşım 76
Psikiyatri Uzmanlarının Panik Bozukluk Tedavisinde Psikoterapi Yaklaşımına Verdiği Önem 76
Uygulanmamasının Nedenleri 77
Günlük Ortalama Panik Atak Tanısı Alan Hasta Sayısı 77
Panik Bozukluk Tanısı Almış Hastaların Tedavi Sürecinde Uzman Hekimler Tarafından Başka Bir Psikoterapiste Yönlendirilmesi 77
Panik Bozukluk Tedavisi Görmekte Olan Hastaların Tedavilerinde Psikoterapinin Önemi Hakkında Farkındalıkları 78

Panik Bozukluk Tanısı Almış Hastaların Tedavi Sürecinde Uzman Hekimler Tarafından Kendilerine Uygulanan Tedavi Yaklaşımlarını Değerlendirmeleri 78
Sağlık Kurumlarında Çalışan Ruh Sağlığı Çalışanlarının Oranı 79
Ruh Sağlığı Hizmeti Veren Çalışanların Genel Nüfusa Göre Oranı 79
Bölüm Özeti 80

ALTINCI BÖLÜM
PANİK BOZUKLUK TANISI ALMIŞ HASTALARIN GERÇEK YAŞAM HİKÂYELERİ 83
İlk Panik Atağım 85
Panik Atak Aşk ve Kalp Çarpıntısı 86
Tansiyon Hastasıyım Evlenemem 87
Tansiyon Raporu 87
Askerlik ve İlaç Taşıma 88
Diş Çekimi 90
Polis Baskını ve Hapishane Korkusu 91
Kendimi İfade Etmekten ve Savunmaktan Kaçınma 93
Uçak Sorunu 93
Xanax Taşıma 94
On Yıl Sonra Psikoterapi Bilgisi 95
Vapurla Karşıya Geçme 96
Sinema Korkusu 97
Yirmi Yıl Sonra Korku ve Kaygılarımla Karşılaşmak 99

SONUÇ 101

KAYNAKLAR 103

EKLER 113

YAZAR HAKKINDA 121

EKLER

Ek 1. Hayat Özeti 113

Ek 2. Panik Bozukluk Ortak Yaşam Anketi 114

Ek 3. Psikiyatri Uzmanı Anket Formu 115

Ek 4. Hasta Tedavi Süreci Anket Formu 116

Ek 5. Bilgi Edinme Başvuru Formu 117

Ek 6. Bilgi Edinme Başvurusu - Cevap Bilgileri 117

Ek 7. Türkiye Geneli Ruh Sağlığı Uzmanı ve Psikolog Sayıları 118

ŞEKİLLER

Şekil 1. Panik Atağın Bilişsel Modeli: David Clark 22

Şekil 2: Aile İçi Şiddet Grafiği 48

Şekil 3: Kayıp ve Yas Grafiği 50

Şekil 4. İlk Panik Atak Öncesi Ölüm Korkusu Grafiği 51

Şekil 5. İlk Panik Öncesi Cinsel İstismar ve Cinsel Taciz Grafiği 53

Şekil 6. Panik Bozukluk Evlilik ve İlişki Durumu Grafiği 55

Şekil 7. İlk Panik Atak Öncesi Hastalığa Yakalanma Korku Grafiği ... 57

Şekil 8. Anksiyete Üzerinde İlacın Etkisi (Türkçapar, 2010) 64

Şekil 9. Bilgisayar Beyin ve Klavye İlişkisi 74

Şekil 10. T.C. Sağlık Bakanlığı Ruh Sağlığı Uzman ve Psikologların Gruplara Göre Dağılımı (2012) 79

TABLOLAR

Tablo 1. Hipertansiyon Şiddet Derecesi 35
Tablo 2. İlk Panik Öncesi Yaşadığınız Ciddi Bir Travma Var mı? 45
Tablo 3. Panik Bozukluk Tanısı Almış Hastaların Aile İçi Şiddet Durumu 47
Tablo 4. İlk Panik Öncesi Hastalar Kayıp veya Yas Durumu Yaşandı mı? 49
Tablo 5. Panik Bozukluk Öncesi Hastalar Ölüm Korkusu Yaşadı mı? 51
Tablo 6. Panik Bozukluk Hastaları İlk Panik Öncesi Ebeveyn Ayrılık Durumu Yaşadı mı? 52
Tablo 7. İlk Panik Öncesi Hastalar Cinsel İstismara Uğradı mı? 53
Tablo 8. İlk Panik Öncesi Evlilik ve İlişki Durumu Nasıldı? 54
Tablo 9. İlk Panik Öncesi Herhangi Bir Hastalık Korkusu Oldu mu? 56
Tablo 10. İlk Panik Atak Öncesi Aşağılanma Duygusu Yaşadınız mı? 58
Tablo 11. Panik Bozukluk Tedavisinde Psikiyatri Tedavi Yaklaşımı ... 76
Tablo 12. Panik Bozukluk Tedavisinde İlaç + Psikoterapi Yaklaşımının Önemi 76
Tablo 13. Günlük Tedavi Edilen Panik Atak Hasta Sayı Sonuçları....... 77
Tablo 14. Psikiyatrilerin Panik Bozukluk Tanısı Almış Hastaları Bir Psikoterapiste Yönlendirme Oranı 77
Tablo 15. Panik Bozukluk Hastalarının Tedavide Psikoterapiye Verdikleri Önemin Sonuçları 78
Tablo 16. Uzman Hekimlerce Hastalara Uygulanan İlaç ve Psikoterapi Oranı 78
Tablo 17. Türkiye'deki Ruh Sağlığı Hizmeti Veren Uzmanların Genel Nüfusa Göre Oranları 80

BİRİNCİ BÖLÜM

PANİK BOZUKLUK

GİRİŞ

Panik bozukluk; bir duruma veya olaya bağlı olarak ortaya çıkan, yoğun korku, kaygı ve bedensel belirtilerin olduğu, özellikle kalp çarpıntısı, tansiyon yükselmesinin eşlik ettiği, tekrarlayan panik atakların olduğu ruhsal bir rahatsızlıktır. İlk panik nöbeti sırasında hastalar, yuvasından koparılan ve elle tutulmuş bir güvencinin çırpınışları gibi korku ve kaygı yaşamaktadırlar. Hastalar; korku ve kaygı içinde kalp krizi geçirdiği ve acilen hastaneye yetiştirilmesi konusunda etrafındakilerden yardım isterler.

Panik bozukluk psikiyatri literatüründe anksiyete (kaygı) bozuklukları sınıflaması içerisinde yer almaktadır.

Kaygı bozuklukları içerisinde yer alan panik bozukluğun daha iyi anlaşılması için öncelikle kaygı kavramının çok iyi anlaşılması gerekir. Kaygı, tüm insanlara özgü doğal bir duygudur. Kaygının asıl amacı, yaşamın sürdürülmesine katkı sağlamaktır. Her insanda belli bir oranda var olan kaygı durumu, yaşamın doğal bir parçası olarak kabul edilir.

Organizmanın devamlılığını sağlayan kaygı, normal sınırı aşıyorsa bireylerin yaşam kalitesini ve insanlarla olan iletişimini bozmakta ve ruhsal bir hastalığa dönüşmektedir. Organizmanın sağlıklı işleyişini bozan kaygı durumu, genellikle gerçek olmayan abartılı durumlarla ilgilidir (Özkan, 2014).

Panik bozukluk tanısı alan hastalar, bu hastalığın bedensel belirtileri olan, yükselen kan basıncı, nefes darlığı, mide ve bağırsak sorunları gibi zaman zaman ortaya çıkan yakınmalar nedeniyle hastane acil servislerine başvurmaktadırlar. Hastaların yakınmaları nedeniyle yapılan tetkiklerde belirtilerin nedenini açıklayacak herhangi organik bir bulguya rastlanmamaktadır. Dolayısıyla hasta, bir psikiyatri servisine yönlendirilmektedir. Psikiyatri servisine yönlendirilen hasta, psikiyatrik değerlendirme sonrası panik bozukluk tanısı almaktadır. Psikiyatristler, panik bozukluk tanısı alan hastaların tedavisinde genellikle antidepresan veya gerekiyorsa anksiyolotik (kaygı giderici) ilaçlar kullanmaktadırlar. Ayrıca bu tedaviye eklenmesi gereken psikoterapi yönteminin ise çok az düzeyde uygulandığı görülmektedir.

Panik bozukluk tanısı alan hastalara uygulanan tedavi yöntemlerine yönelik yapılan bir çalışmaya göre panik bozukluk tedavisinde bilişsel-davranışçı psikoterapinin Türkiye'de yeterli düzeyde uygulanmadığı tespit edilmiştir (Barniç, 2013).

Panik bozukluk tedavisinde psikoterapi eksikliği çoğu hastada tedavinin olumsuz seyrine neden olmaktadır. Psikoterapinin uygulanmadığı bir tedavi yaklaşımında hastalar, tam anlamıyla hastalığı hakkında bilgi sahibi olamamaktadırlar. Panik bozuklukla ilgili farkındalığı olmayan hasta, bedensel belirtilere odaklanmakta ve böylece panik ataklarını tetiklemektedir. Panik ataklarla beraber seyreden beklenti anksiyetesi ve agorafobi; hastayı bir kısır döngü içerisine alarak yaşam kalitesini olumsuz bir şekilde etkilemektedir.

Tarihçe

Panik bozukluk, yüz yıllık gibi kısa bir geçmişe sahip olmasına rağmen resmî tanı kriterleri içerisinde yer aldığı kaygı bozuklukları, ilk olarak Hipokrat tarafından MÖ 4. yüzyılda dile getirilmiştir (Regier DA et al., Altıntaş, 2006, s. 2).

Panik bozukluk; bedensel ve ruhsal belirtilerin bir arada görüldüğü yoğun korku ve kaygının yaşandığı psikolojik bir rahatsızlıktır. 1871 yılında Da Costa, savaş sırasında askerlerde; göğüs ağrısı, kalp çarpıntısı, nefes darlığı, baş dönmesi gibi bedensel ve psikolojik belirtileri olan panik bozukluğu "İrritabl Kalp" olarak tanımlamıştır. Daha sonra panik atak, Francis Henkel tarafından 1907'de "Paroksismal Anksiyete Atağı" olarak tanımlanmıştır. Kreplin ise 1909'da "Korku Nevrozu" adıyla anksiyetenin bedensel ve davranışsal durumundan söz etmiştir (Berrios, 1996).

Lewis ise 1918 yılında benzer bir tablo için "Efor Sendromu" tanımını yapmıştır. 1930'lu yıllarda ise panik bozukluk "Kardiyak Nevroz" olarak tanımlanmaya başlanmıştır (Güleç ve Köroğlu 1997; Atalay ve Bayraktar, 1992; Sevin, 1987; Altıntaş, 2006, s. 2).

1960'lı yıllarda, panik ataklar üzerinde imipraminiyi adlı antidepresanın etkili olduğu hastalığın oluşumunda norobiyolojik nedenlerin olabileceğinden söz edilmesine rağmen o yıllarda bu görüş pek ciddiye alınmamıştır (Sevinçok ve Akoğlu, 2001, s. 215-227). Buna rağmen imipraminiyi anksiyete bozukluklarında kullanılması biyolojik bir devrim yaratmıştır (Tural, 2014, s. 11).

1960 ile 1980'li yıllar arasında panik bozukluk norobiyolojik ve genetik etkilerden daha çok psikolojik ve çevresel nedenlerle ortaya çıktığı görüşü ağırlık kazanmıştır.

Klein, 1962 yılında panik bozukluğunu genel anksiyete bozukluğundan ayrı ele alan ilk kişi olması yanı sıra yoğun çabaları sonucunda panik bozukluğun 1980 yılında yayınlanan DSM-III tanı sisteminde ayrı bir psikolojik rahatsızlık olarak tanımlanmasını sağlamıştır (Klein and Fink 1962, s. 432-438).

Amerikan Psikiyatri Birliği (APA) tarafından yayınlanan ve bütün dünyada psikiyatrinin anayasası olarak kabul edilen ve en son yayınlanan DSM-V tanı kriterinde panik bozukluk, panik atak, agorafobi, anksiyete bozuklukları sınıflaması içerisinde ayrı ayrı ele alınmıştır.

Panik Bozukluk

Panik atak Yunan Mitolojisinde "Pan" kelimesinden türemiştir. "Pan" Yunan Mitolojisinde; keçiboynuzlu, insan yüzlü bir tanrıya verilen isimdir. Doğanın sessizliği içinde insan ve hayvanların uyuduğu bir anda "Pan" aniden çığlık atan ve korkuyla bağıran bir tanrıydı. Bu sesi duyan bütün canlılar, telaşa kapılır ve bir yerlere kaçışmaya çalışırlardı (Köknel, 2007, s. 2).

Panik bozukluk, bedensel belirtileri olan bireyin içsel dünyasında aniden bir çığlığa dönüşen, "Kalp krizi geçiriyorum.", "Ölmek üzereyim.", "Beyin kanaması geçiriyorum." gibi düşüncelerin olduğu yoğun korku ve kaygının görüldüğü, bir ruhsal rahatsızlıktır.

Panik atak, bireylerin ruhsal dünyalarında aniden ortaya çıkan şiddetli bir depreme benzetilebilir. Bu ruhsal deprem; 5 ile 15 dakika arasında en üst seviyede yaşanmaktadır. Bu ruhsal deprem sonrası artçı sarsıntılar ise deprem olacak korkusu veya kaygısı ile bir kısır döngüye dönüşmektedir. Bu kısır döngü ise beklenti anksiyetesi (yeni bir atak gelecek endişesi) ile sürmektedir.

Panik bozukluk, sıklıkla halk tarafından panik atak olarak tanımlanmaktadır. Bu iki kavram birbirinden farklı kavramlardır. Panik atak, sadece atakların olduğu bir tanıdır. Panik bozukluk ise panik ataklarla birlikte beklenti anksiyetesinin eşlik ettiği bir ruhsal rahatsızlıktır.

Beklenti anksiyetesi ise yeni bir panik atak geçirme ile ilgili endişeli bir bekleyiştir. Panik bozukluk, panik atağa göre iyileşme süreci daha uzun ve kronik bir seyir izlemektedir.

Panik bozukluğuna yönelik yapılan bir çalışmaya göre panik bozukluk tanısı almış hastaların %75'ine agorafobinin eşlik ettiği ortaya çıkmıştır. Panik bozukluğuna agorafobinin eşlik etmesi, hastaların kaçınma davranışlarında (ör.; tren, vapur, otobüs, kalabalık yerler) bulunmasına neden olmaktadır.

Panik bozukluk tanısı almış hastaların birinci basamak sağlık hizmeti veren kurumlara sıkça başvurduğu görülmektedir. Dünya Sağlık Örgütünün yaptığı uluslararası bir çalışmaya göre panik bozukluğunun birinci basamak sağlık kurumlarına başvuran hastalar arasındaki yaşam boyu görülme oranı %3,4 olarak tespit edilmiştir (Wiley, 1995). Panik bozukluk tanısı almış hastaların, genelde dâhiliye veya kardiyoloji bölümlerine sıkça başvurduğu tespit edilmiştir (Dunitz, 1999).

Panik bozukluğu daha sık 17-30 yaşlar arası dönemlerde ortaya çıkmakta, 45 yaş sonrası ise nadir olarak görülmektedir. 45 yaş sonrası ortaya çıkması durumunda ise hastalarda daha çok biyolojik bir rahatsızlık panik atağa yol açmaktadır. Bu durum, bir psikiyatri uzmanı tarafından detaylı olarak değerlendirilecektir. Panik bozukluğun erkeklere oranla kadınlarda daha sık ortaya çıktığı saptanmıştır.

Panik ataklar, ortaya çıkmaları konusunda farklılıklar gösterebilmektedir. Durumsal bir belirti olmadan ortaya çıkan panik atakları, "beklenmedik" panik atakları olarak tanımlanır. Belli bir duruma maruz kalmakla ortaya çıkan ataklar "durumsal yatkınlık gösteren" panik atağı olarak tanımlanır (Tükel, 2002, s. 1).

Panik Bozukluk Tanı Özellikleri ve Belirtileri

Panik bozukluğun hastalar üzerindeki üç önemli özelliği bulunmaktadır. Bu üç özellik ise şunlardır (Tural, 2014, s. 11):

1) Panik atakları,
2) Yeni bir atak daha yaşama kaygısı,
3) Kaçınma davranışları.

1980 yılında yayınlanan DSM-III'e göre üç hafta içinde üçten fazla panik atağı görülmesi durumunda panik bozukluk tanısı konulabileceği belirtilmiştir. Daha sonra 1987 yılında yayınlanan DSM-III-R sınıflandırmasına göre ise panik bozukluk tanısı konulması için dört haftada dört atak geçirmek tanı ölçütü olarak kabul edilmiştir. 1994 yılında yayınlanan DSM-IV tanı kriterine göre "atağın yol açabilecekleri ya da sonuçlarıyla (ör.; kontrolünü kaybetme, kalp krizi geçirme, çıldırma) ilgili olarak üzüntü duyma" ve "ataklarla ilgili belirgin davranış değişikliği gösterme (ör.; sık olarak doktora gitmek)" ölçütü buna eklenmiştir.

Panik bozukluk; agorafobili ya da agorafobisiz panik bozukluğu olmak üzere iki şekilde tanımlanmıştır (APA, 1994). Aşağıda en son yayınlanan DSM-V tanı kriterine göre panik bozukluğun tanımlanması yer almaktadır.

DSM-V Panik bozukluğu şöyle tanımlamaktadır:

A. Yenileyen beklenmedik panik atakları: Bir panik atağı, dakikalar içinde doruğa ulaşan ve o sırada aşağıdaki belirtilerden dördünün (ya da daha çoğunun) ortaya çıktığı, birden yoğun bir korku ya da yoğun bir içsel sıkıntının bastırdığı bir durumdur.

Not: Böyle bir durum, kişinin dingin ya da kaygılı olduğu bir durumda birden bastırılabilir.

1. Çarpıntı, kalbin küt küt atması ya da kalp hızının artması,
2. Terleme,
3. Titreme ya da sarsılma,
4. Soluğun daraldığı ya da boğuluyor gibi olma duyumu,
5. Soluğun tıkandığı duyumu,

6. Göğüs ağrısı ya da göğüste sıkışma,
7. Bulantı ya da karın ağrısı,
8. Baş dönmesi, ayakta duramama, sersemlik ya da bayılacak gibi olma duyumu,
9. Üşüme, ürperme ya da ateş basması duyumu,
10. Uyuşmalar (duyumsuzluk ya da karıncalanma duyumları),
11. Gerçek dışılık ("depersonalizasyon" kendinden kopma duyumu),
12. Denetimi yitirme ya da "çıldırma" korkusu,
13. Ölüm korkusu.

Not: Kültüre özgü belirtiler (ör.; kulak çınlaması, boyun ağrısı, baş ağrısı, denetim dışı çığlık atma ya da ağlama) görülebilir. Bu belirtiler, gereken dört belirtiden biri olarak sayılmamalıdır.

B. Ataklardan en az birinden sonra, aşağıdakilerden biri ya da her ikisi de bir ay (ya da daha uzun bir) süreyle olur:

1. Başka panik ataklarının olacağı ya da bunların olası sonuçlarıyla (ör.; denetimini yitirme, kalp krizi geçirme, çıldırma) ilgili olarak sürekli bir kaygı duyma ya da tasalanma.
2. Ataklarla ilgili olarak uyum bozukluğuyla giden davranış değişiklikleri (ör.; spor yapmaktan ya da tanıdık, bildik olmayan durumlardan kaçınma gibi panik atağı geçirmekten kaçınmak için tasarlanmış davranışlar) gösterme.

C. Bu bozukluk, bir maddenin (ör.; kötüye kullanılabilen bir madde, bir ilaç) ya da başka bir sağlık durumunun (ör.; hipertiroidi, kalp-akciğer hastalıkları) fizyolojisiyle ilgili etkilerine bağlanamaz.

D. Bu bozukluk, başka bir ruhsal bozuklukla daha iyi açıklanamaz (ör.; panik atakları, toplumsal kaygı bozukluğunda olduğu gibi yalnızca korkulan toplumsal durumlara tepki olarak; özgül fobide olduğu gibi sınırlı birtakım fobi kaynağı nesneler ya da durumlara tepki olarak; takıntı-zorlantı bozukluğunda olduğu gibi takıntılara tepki olarak; örselenme sonrası gerginlik bozukluğunda olduğu gibi örseleyici olayların anımsatıcılarına tepki olarak ya da ayrılma kaygısı bozukluğunda olduğu gibi bağlandığı kişilerden ayrılmaya tepki olarak ortaya çıkmamaktadır) (APA, 2014).

Dünya Sağlık Örgütünün psikiyatrik tanı kriteri çizelgesi ICD-10'da panik bozukluk tanı kriterleri DSM tanı kriterleri birbirine benzer özellikler taşımaktadır. ICD-10 tanı ölçütlerinde agorafobi panik bozukluğu ile birlikte olması gerekmeyen ayrı bir rahatsızlık olarak tanımlanmıştır (ICD-10, 2003; Sönmez, 2006, s. 14). En son çıkan DSM-V tanı kriterinde ise agorafobi panik bozukluktan ayrı bir hastalık olarak ele alınmıştır.

ICD-10 Panik Bozukluğu Tanı Ölçütleri (Epizodik Paroksismal Anksiyete):

A. Kişi daima özel bir durum ya da nesne ile ilişkili olmayan ve kendiliğinden ortaya çıkan yineleyen panik nöbetleri geçirir (ör.; beklenmedik epizotlar). Panik nöbetleri belirgin ya da tehlikeli ya da yaşamı tehdit eden durumlarla karşılaşmakla ilişkili değildir.

B. Panik nöbeti aşağıdakilerin tümü ile tanımlanır:

1. Sınırlı bir yoğun korku ya da rahatsızlık duyma dönemidir.
2. Aniden başlar.
3. Birkaç dakikada en üst düzeye ulaşır ve en az birkaç dakika sürer.
4. Aşağıdaki belirtilerden en az dördü bulunmalıdır; bunlardan biri "a-d" arasında olmalıdır.

Otonom sistemde uyarılma belirtileri;

a) Çarpıntı, kalp atımlarını duyumsama ya da kalp hızında artma olması,
b) Terleme,
c) Titreme ya da sarsılma,
d) Ağız kuruluğu (ilaç ya da dehidratasyon nedeniyle olmayan).

Göğüs ve karınla ilgili belirtiler;

e) Nefes darlığı,

f) Boğuluyor gibi olma duyumları,

g) Göğüs ağrısı ya da göğüste sıkışma hissi,

h) Bulantı ya da karın ağrısı (ör.; midede yanma),

Mental durumla ilgili belirtiler;

i) Baş dönmesi, sersemlik hissi, düşecekmiş ya da bayılacakmış gibi olma,

j) Derealizasyon (gerçek dışılık duyguları) ya da depersonalizasyon (benliğinden ayrılmış olma),

k) Kontrolünü kaybedeceği ya da çıldıracağı korkusu,

l) Ölüm korkusu,

Genel belirtiler;

m) Üşüme ürperme ya da ateş basmaları,

n) Uyuşma ya da karıncalanma duyumları.

C. Panik nöbetleri fiziki bir bozukluk, organik mental bozukluk ya da şizofreni ve benzeri bozukluklar, duygu durum bozuklukları ya da somatoform bozukluklar gibi başka ruhsal bozukluklar nedeniyle oluşmamalıdır.

Panik Bozukluğun Fiziksel Belirtileri

1. Kalp çarpıntısı, kalp atım sayısının hissedilmesi ve yüksek rakamlara ulaşması,
2. Göğüste ağırlık hissi,
3. Nefes daralması,
4. Göğüste basınç ve ağrı hissi,
5. Boğulma hissi,
6. Baş dönmesi ve düşecekmiş gibi olma, vücutta dengesizlik,
7. Göz kararması,
8. Hipertansiyon,
9. Vücut ısısının düşmesi veya yükselmesi, özellikle kulak ve yanaklarda sıcak basması,

10. Vücutta aşırı titreme,
11. Mideye bir şey çöküyor hissi,
12. Avuçlarda terleme,
13. Bulantı veya ishal,
14. Ağız kuruluğu,
15. Boğazda yumruk hissi,
16. Gerçek dışı hislere kapılma,
17. Net düşünememe,
18. Kısmen felç olma hissi.

Panik bozukluk psikolojik belirtilerinin temelinde ölüm korkusu başta olmak üzere aşağıdaki gibi sıralanabilir:

Panik Bozukluğun Psikolojik Belirtileri

1. Ölüyorum.
2. Kalp krizi geçiriyorum.
3. Aklımı kaçırmak üzereyim.
4. Kontrolümü kaybedeceğim.
5. Nefes alamayacağım ve öleceğim.
6. Felç geçiriyorum.
7. Tansiyonum çok yükseldi, beyin kanaması geçireceğim.
8. Sürekli nabzımı sayıyorum, kalp atışlarım; 60'ın altında veya 80'in üstündeyse bu yolunda gitmeyen bir şeylerin olduğunu gösterir.
9. Yüksek tansiyon hastası veya kalp hastası olduğunu düşünme.

Panik Bozuklukta Bir Sonraki Atak Bekleyişi (Beklenti Anksiyetesi)

Panik bozukluk tanısı alan hasta, ilk atak sonrası hastaneye gittikten sonra yeni bir panik atak geçirme kaygısı ile yaşamaya başlar. Bu kaygılı bekleyiş "beklenti aksiyetesi" olarak tanımlanmaktadır. İlk panik atak sonrası gelişen bu endişeli bekleyiş aynı zamanda panik bozukluğun da bir işaretidir. Yaşanan bu panik ataklar sonrası hastalar, ortaya çıkabilecek sonuçlar hakkında yoğun korku ve kaygı yaşamaya başlamaktadırlar. Beklenti anksiyetesi (panik atak yaşama kaygısı) sonucu gelişen korku, hastanın yaşam kalitesini (ör.; iş, okul) olumsuz bir şekilde etkilemektedir (Tükel, 2012). Ayrıca beklenti anksiyetesi agorafobik kaçınmaya öncülük ederek hastanın eve kapanmasına ve dışarı çıkamamasına neden olmaktadır.

Beklenti anksiyetesinin üç temel unsuru bulunmaktadır:

1. Yeni bir panik atak geleceği kaygısı olan endişeli bekleyiş, yoğun olumsuz düşünceler.
2. Yine panik atak geçireceğim, yine savunmasız kalacağım.
3. Korkulu bekleyiş eğilimi bedensel belirtilere odaklanma.

Kaçınma Davranışları (Agorafobi)

Agorafobi, tehlikeli bir durum ve olay anında yardım almanın zor olacağı ya da güvenli olmadığı düşünülen yerden ve ortamlardan kaçınma davranışlarıdır. Bu kaçınma davranışlarına korku ve kaygı da eşlik etmektedir.

DSM-V'te agorafobi tek başına bir hastalık olarak tanımlansa bile yapılan birçok çalışmaya göre panik bozukluk tanısı alan hastaların büyük bir oranında agorafobinin bu hastalığa eşlik ettiğidir. Buna rağmen günümüzde psikiyatri tanı kriterleri, agorafobi olmadan da panik ataklarının görülebileceğine yöneliktir. Agorafobinin eşlik ettiği panik bozukluk tanısı alan hastaların sıklıkla kaçındıkları durumlar aşağıda yer almaktadır.

1. Alışveriş merkezlerine gidememe,
2. Metro, metrobüs, vapur, tren, uçak gibi toplu taşıma araçlarına binememe,
3. Yüksek yer korkusu, köprülerden geçmeme,
4. Tünel korkusu,
5. Trafikte kalma korkusu,
6. Uzun yolculuk, farklı şehirlere gitme korkusu,
7. Kuaföre gitmeme,
8. Hastane ve doktorlardan kaçınma,
9. Tansiyon ölçtürmemek, tansiyon aletinden korkma,
10. Semt pazarlarında dolaşamamak,
11. Kalabalık caddelerde kaçınma,
12. Sinemaya gitmeme gitse bile en son sıralarda oturma.

Panik bozukluk tanısı almış hastalara agorafobinin eşlik etmesi bireysel ve toplumsal alanda işlevsellikte bozulmalara yol açmakta ve tedavide zorlukların ortaya çıkmasına neden olmaktadır. Agorafobi, bazı hastalar için çok hafif bir durum olabilir; örneğin, yalnızca uçak seyahatleri yapamamak. Bazı hastalarda ise agorafobi çok ağır bir tabloya neden olmaktadır; örneğin, hastanın evden dışarı çıkmamasına yol açmaktadır (Köroğlu, 2006, s. 15).

Yapılan bazı çalışmalara göre agorafobi, erkeklere oranla kadınlarda daha sık görüldüğü bildirilmektedir. Erkek hastalar, daha çok iş ile ilgili kaçınma davranışında bulunmaktadırlar. Kadınlar ise daha çok evden dışarı çıkmama gibi kaçınma davranışları göstermektedirler (Angst, 1998, s. 51-55; Kaplan and Sadock 1995, 1998, s. 594-602; Altıntaş, 2006, s. 6). Aşağıda en son yayınlanan DSM-V tanı kriterlerine göre agorafobi tanı ölçütleri yer almaktadır (APA, 2014). DSM-V agorafobi tanı ölçütleri şöyledir:

A. Aşağıdaki beş durumdan ikisi (ya da daha çoğu) ile ilgili olarak belirgin korku ya da kaygı duyma.

1. Toplu taşıma araçlarını kullanma (ör.; otomobiller, otobüsler, trenler, gemiler, uçaklar),
2. Açık yerlerde bulunma (ör.; otoparklar, alışveriş merkezleri, köprüler),
3. Kapalı yerlerde bulunma (ör.; mağazalar, tiyatrolar, sinemalar),
4. Sırada bekleme ya da kalabalık bir yerde bulunma,
5. Tek başına evin dışında olma.

B. Kişi, kaçmanın güç olabileceğini ya da panik benzeri ya da yetersizleştiren ya da utanç veren (ör.; yaşlılarda düşme korkusu, altına kaçırma korkusu) diğer belirtilerin olması durumunda yardım alamayabileceğini düşündüğü için bu tür durumlardan korkar ya da kaçınır.

C. Agorafobi kaynağı durumlar, neredeyse her zaman korku ya da kaygı doğurur.

D. Agorafobi kaynağı durumlardan etkin bir biçimde kaçınılır, bir eşlikçiye gereksinilir ya da yoğun bir korku ve kaygı ile buna katlanılır.

E. Duyulan korku ya da kaygı, agorafobi kaynağı durumların yarattığı gerçek tehlikeye göre ve toplumsal-kültürel bağlamda orantısızdır.

F. Korku, kaygı ya da kaçınma sürekli bir durumdur, altı ay ya da daha uzun sürer.

G. Korku, kaygı ya da kaçınma, klinik açıdan belirgin bir sıkıntıya, iş ve özel hayatta ise işlevsellikte düşmeye neden olur.

H. Sağlığı ilgilendiren başka bir durum varsa (ör.; inflamatuvar bağırsak hastalığı, parkinson hastalığı), korku, kaygı ya da kaçınma açıkça aşırı bir düzeydedir.

I. Korku, kaygı ya da kaçınma, başka bir ruhsal bozukluğun belirtileriyle daha iyi açıklanamaz. Söz gelimi, belirtileri özgül fobi, durumsal tür ile sınırlı değildir; yalnızca toplumsal durumları (toplumsal kaygı bozukluğunda olduğu gibi) kapsamaz ve yalnızca takıntılarla (takıntı-zorlantı bozukluğunda olduğu gibi), dış görünümle ilgili algılanan kusurlarla (beden algısı bozukluğunda olduğu gibi), örseleyici olayları anımsatıcılarla (örselenme sonrası gerginlik bozukluğunda olduğu gibi) ya da ayrılma korkusuyla (ayrılma kaygısı bozukluğunda olduğu gibi) ilişkili değildir.

Not: Agorafobi tanısı, panik bozukluğu olup olmadığına bakılmaksızın konur. Kişinin klinik görünümü hem panik bozukluğu hem de agorafobi için tanı ölçütlerini karşılıyorsa her iki tanı birlikte konmalıdır.

Panik Bozukluk ile Kaçınma (Agorafobi) İlişkisi

Yunanca bir kelime olan "agorafobi" açık alanda toplanma yeri anlamına gelen "agora" kelimesinden türetilmiştir. Agorafobi, uzun bir süre birçok kişi tarafından açık alan korkusu olarak tanımlanmış olsa da yapılan bu tanım, klinik olarak yanlış ve yetersiz olduğu görülmektedir. Marks, agorafobiyi toplu kalabalık alanlarda bulunma hâlinden korkma olarak tanımlamıştır. Bu tanımlamayı agorafobik hastaların sürekli kalabalık yerlerden; metro, uçak, tren, vapur, konser, tiyatro, sinema, gösteri gibi yerlerden kaçınma davranışları da desteklemektedir. Bundan dolayı Marks, agorafobiyi dışsal uyaranlar sonucu ortaya çıkan fobik bir ruhsal hastalık olarak tanımlamıştır (Marks, 1970, s. 538-553).

Gözleme dayalı yapılan bazı çalışmalara göre agorafobisi olan hastaların kalabalık yerlerin dışında, yeni durumlarla karşılaştıklarında da korku ve kaygı yaşadıkları tespit edilmiştir. Bundan dolayı agorafobikler, güven duymadıkları yer ve ortamlara karşı kaçınma davranışlarında bulunmaktadır (Tükel, 2002, s. 2).

Panik bozukluğuna agorafobinin eşlik etmesi, tedavinin daha uzun ve zor olmasına neden olmaktadır. Yapılan bazı çalışmalara göre agorafobisiz panik bozukluğun daha kısa sürede tedaviye yanıt verdiği tespit edilmiştir.

Panik Bozukluk Görülme Sıklığı (Epidemiyoloji)

Panik bozukluk tanısı almış hastalara yönelik yapılan saha çalışmalarına göre panik bozukluk görülme oranı %1,5-5 arasında değiştiği ortaya çıkmaktadır (Kaplan and Sadock, 2005, s. 214). SCID kullanılarak İspanya'da yapılan bir çalışmaya göre panik bozukluğun yaşam boyu görülme oranı %4,1 olarak belirlenmiştir (Sergui et al., 1999, s. 109-117).

Panik bozukluk kadınlarda erkeklere oranla 2-3 kat daha fazla görüldüğü tespit edilmiştir. Panik bozukluğun yaşam boyu görülme oranı erkekler için %2; kadınlar için %5'dir (Davidson and Neale, 2004; Gökler, 2005, s. 83-91).

Yapılan bazı çalışmaların ortaya koyduğu verilere göre panik bozukluk hastası çocukların ve ergenlerin %18'inin on yaşından önce panik atak belirtileri yaşadığı tespit edilmiştir (Gökler, 2005, s. 83-91).

Genç yaşta panik bozukluk ile ilgili yapılan bir çalışmaya göre ise on dört ile on yedi yaşlarında panik bozukluk görülme oranının %0,6 olduğu tespit edilmiştir (Aysev ve Taner, 2007).

Eş Tanı

Eş tanı; iki ya da daha fazla tanının birlikte aynı bireyde belli bir zaman dilimi içinde bulunması olarak tanımlanabilir. Panik bozukluk tanısı almış hastalara yönelik yapılan bir klinik çalışmada, panik bozukluğun eş tanı oranının %5190,4 arasında değiştiği öne sürülmüştür (Dick et al., 1994; Brown et al., 1995).

Panik Bozukluğuna Eşlik Eden Psikolojik Rahatsızlıklar

Panik bozukluğuna diğer ruhsal rahatsızlıklar oldukça sık eşlik ettiği görülmektedir. Kaygı bozuklukları, depresyon, fobiler, panik bozukluk tanısı almış hastalarda daha çok görülmektedir (Aysev ve Taner, 2007).

Panik bozukluk tanısı alan hastaların %91'inde agorafobi görülmektedir. Ayrıca eşlik eden diğer psikiyatrik rahatsızlıkların oranı ise %84 olduğu tespit edilmiştir (Kaplan and Sadock, 2005, s. 214).

Panik bozukluk ile beraber görülen duygu durum bozukluğu oranı %50-65, genel kaygı bozukluğu ise %25, sosyal fobi %15-30, özgül fobi %10-20, obsesif-kompulsif bozukluk %10-20 oranında birlikte görüldüğü belirtilmiştir (Tural, 2012, s. 19).

Panik bozukluğuna eşlik eden kişilik bozuklukların, %15-75 oranında görüldüğü tespit edilmiştir. Panik bozuklukla birlikte seyreden kişilik bozukluklarının hastalığın iyileşme sürecini olumsuz yönde etkilediği öne sürülmüştür (Hoffman et al., 1998, Massion et al., 2002, Marchesi et al., 2005, Altıntaş, 2006, s. 10).

Panik bozukluk tanısı almış hastaların %50'sinin hastalık hastalığına (hipokondriyazis) yatkınlığı olduğu öne sürülmüştür (Starcevic vd., 1992). Sheehan ve arkadaşları ise 1980 yılında panik bozukluk tanısı almış hastaların %68'inin bedenlerini çok dinlediğini tespit etmişlerdir (Sevinçok ve Akoğlu, 2001, s. 221). Hastalık hastalığı olan bireylerin kaygı ve korkuları daha çok kardiyolojik ya da nörolojik bir hastalık geçirmekle ilgili olduğu ortaya çıkmıştır (Tükel, 2002, s. 12).

Panik bozukluk tanısı almış hastalarda intihar riskinin arttığına yönelik son yıllarda bazı çalışmalar ilgi çekmeye başlamıştır (Sevinçok ve Akoğlu 2001, s. 222). Lepine ve arkadaşlarının 1993 yılında panik bozukluk hastalarının %42'sinin yaşamlarının bir döneminde intihar girişiminde bulunduğunu bildirmiştir (Tükel, 2002, s. 12).

Panik bozukluğundaki panik atakların bir anda ortaya çıkması, diğer hastalıklarda olan bulguların tespit edilmemesi; panik bozukluğunu diğer psikiyatrik rahatsızlıklardan ayırmaktadır (Tural, 2012, s. 19).

Panik Bozukluğuna Eşlik Eden Organik Rahatsızlıklar

Panik bozuklukta var olan belirtiler, tanı esnasında bazı bedensel hastalıklarla karıştırılmasına neden olmaktadır. Panik belirtileriyle ilişkili olan bedensel rahatsızlıklar arasında hipo ve hipertiroidizm, hipo ve hiperkalsemi, feokromasitoma, vestibular işlev bozukluğu, aritmi ve supravetriküler taşikardi gibi kardiyovasküler hastalıklar, epileptik nöbetler yer almaktadır. Bu bedensel rahatsızlıklar ile panik bozukluk arasında herhangi bir ilişki bulunamamıştır. Mitral valv prolapsusu ile panik bozukluğunun birlikte görülmesinde bir artmadan söz edilse de mitral valv prolapsusunun bir panik bozukluğu hastasında bulunması sadece sıradan bir tesadüf olduğu kabul edilmektedir. Barbiturat gibi maddelerden yoksunluk, kafein, kokain ve amfetamin gibi maddelere bağlı durumlarda da panik atakları görülebilir.

Uzman hekimlerin tespit ettiği panik atakların bedensel bir hastalık tarafından başlatıldığı ve sürdürüldüğü durumlarda panik bozukluk tanısı konulmamaktadır.

Panik Bozukluk Neden Son Yüzyılımızın Bir Ruhsal Hastalığıdır?

Panik bozukluğun yüzyıllık bir geçmişi olmasına rağmen tarih boyunca insanoğlunun genetik yapısında var olduğu düşünülebilir. Ama onu ortaya çıkaran günümüzün şartları yoktu. "Sanayi Devrimi" sonrası kentleşmeyle beraber insanların doğadan kopuşu, teknolojik gelişmeler sonucu yeni uyaranlara maruz kalan insanoğlu, yeni ruhsal ve bedensel hastalıklarla tanışmak zorunda kalmıştır.

Panik bozukluğun, doğadan uzaklaşmanın yol açtığı olumsuz uyaranlar ve travmatik yaşam olayları sonucu ortaya çıktığı düşünülebilir. Bu duruma panik bozukluk tanısı almış hastaların ilk atak öncesi yaşadıkları ciddi yaşam olaylarının varlığı da bir kanıt olarak öne sürülebilir.

Panik Bozukluğu Ortaya Çıkaran Nedenler (Etiyoloji)

Panik bozukluğun ortaya çıkma nedenlerine yönelik son yıllarda birçok çalışma yapılmıştır. Panik bozukluğunu ortaya çıkaran nedenler tam olarak bilinmemektedir. Yapılan bazı çalışmalar ise panik bozukluğun ortaya çıkmasında biyokimyasal nedenlerin olduğuna yöneliktir (Yüksel, 2001, s. 173). Günümüzde kabul edilen görüş ise bu hastalığın oluşumunda biyopsikososyal nedenlerin etkili olduğudur.

Hastaların yaşam kalitesini bozan panik bozukluğun; genetik, biyolojik, gelişimsel, davranışsal nedenleri olduğuna yönelik birçok kuram söz konusudur. Bu kuramlar sırasıyla aşağıda yer almaktadır.

Psikanalitik Görüş

Psikodinamik kuramın kurucusu Sigmund Freud, panik bozukluğuna benzer durumları "Anksiyete Nevrozu" olarak tanımlamıştır. Ayrıca Sigmund Freud, 1923 yılında ortaya attığı yapısal kişilik modeline göre kaygının İd'den kaynaklanan dürtülerle süper ego yasaklarının bilinç dışı çatışmaları sonucu ortaya çıktığını öne sürmüştür. Bu kaygı ise egonun savunma mekanizmalarıyla önlenmeye çalışılmaktadır. Savunma mekanizması başarısız olursa kaygı ve panik ataklar ortaya çıktığı bildirilmektedir. Bilinçaltında bastırılmış duygular bastırılamıyorsa ya da kişi bastırılmayla ilgili bir tehdit duygusu yaşarsa bu duygular artık kontrol edilemeyip bilince çıkacağı için egoyu parçalayacağı, dolayısıyla benliğin yok olacağı ya da kontrolün kaybedileceği kaygısına neden olmaktadır (Özkan, 2014). Bu kaygı durumu ise panik bozukluğuna giden bir sürecin başlangıcı olmaktadır.

Biyolojik Etkenler

Panik bozukluğun biyolojik etkisi üzerine yapılan birçok çalışma söz konusudur. Biyolojik verilerin toplamı beklenti anksiyetesi üzerinde etkisi olduğu belirtilmektedir (Kaplan and Sadock, 2004, s. 214).

Panik bozukluk biyolojik bulguları laboratuvar ortamında elde edilmiştir. Bu çalışmalara göre hastalar; kafein, sodyum, karbondioksit ile oksijen karışımını sigara dumanı misali içe çektiğinde panik ataklarının tetiklendiği ortaya çıkmıştır. Bu maddeler, dış çevre olayları veya durumlarına tepki olarak kaygı yaşayan normal kişiler ya da fobikler üzerinde hiçbir etkisi olmamaktadır (McNally, 1990). Ayrıca bu alanda çalışan bilim insanları, panik bozuklukları olan hastalarda, beyinde paniğe yol açan bir kimyasal maddeyi "cholecystokinin" tespit etmişlerdir. Panik atakları önleyebilen maddelerin, bu kimyasal maddenin sinirler üzerindeki etkisini engellediği öne sürülmüştür (Bradwejn et al., 1989). Yukarda belirtilen çalışmalara göre panik bozuklukta biyolojik nedenlerin etkinliği son derece önemli bir boyuttadır.

Genetik

Son yıllarda yapılan bazı çalışmalara göre panik bozukluğun genetik yatkınlık sonucu ortaya çıktığı kabul edilmektedir. İkizler üzerinde yapılan çalışmalara göre panik bozukluğun gelişmesinde genetik etkenlerin rolü olduğu öne sürülmektedir (Tükel, 1997).

Bir aileye yönelik yapılan çalışmada, dört kardeşten üç kardeşin belli yaş dönemlerinde panik ataklar yaşadığı ortaya çıkmıştır. İki kardeşin 18 yaş civarı panik ataklarının başladığı belirlenmiştir. Kardeşlerden birinin panik bozukluğuna agorafobinin eşlik ettiği, diğer iki kardeşin ise agorafobisiz panik atağı yaşadığı ortaya çıkmıştır. Yaşça en büyük kardeşin panik atakları ise otuz sekiz yaşında ortaya çıkmıştır. Bu aile üzerinde yapılan bu çalışmada dikkat çeken ayrıntı ise iki kardeşin aynı yaşta panik atağın başladığı ve iki kardeşin ilk panik atak tanısı sırasında yapılan "EEG" sonucunda şu bilgilerin yer almasıdır: "Her iki hemisferler arasında yaygın beta aktivitesi görülmüştür. Bu durum hastanın anksiyete hâlini düşündürebilir". Anne-baba üzerinde yapılan değerlendirme sonucunda ise annenin genel kaygı bozukluğu yaşadığı ortaya çıkmıştır. Bu kısa aile araştırması bile panik bozukluğun genetik yatkınlığını ortaya çıkarmaktadır (Barniç, 2013).

Öğrenme Kuramları

İnsan; yaşayarak, deneyerek öğrenebilen bir canlıdır. Öğrendiklerimiz, yaşadığımız deneyim ve bilgilerin bir sonucudur. Bazen olumsuz öğrenmelerin neden olduğu yanlış uyaranlar, kaygıya yol açmaktadır. Panik atakları, yanlış uyaranlarla olumsuz düşünce ve duyguların etkisi ile tetiklenebilmektedir.

Öğrenilmiş çaresizlik, panik bozuklukların tedavisinde bir engel teşkil etmektedir. Seligman'nın yaptığı deneylere dayanılarak panik bozukluk, depresyon, fobik ve obsesif-kompulsif bozuklukların zemininde öğrenilmiş çaresizliğin olduğu belirtilmektedir (Köknel, 2007, s. 47).

Bilişsel Model

Panik atak nöbetinde ölmekten, çıldırmaktan ve kontrolünü yitirmekten korkma gibi bilişsel işlevlerin varlığı, hastalığın oluşumunda bilişsel etkenlerin rolü olabileceğini göstermektedir (Kaplan and Sadock, 2004, s. 215; Michael et al., 2003, s. 328-340; Sönmez, 2006, s. 11).

Bilişsel kurama göre panik bozuklukta temel anahtar, felaketleştirme senaryolarıdır. Yaşanan ilk panik ataktan sonra hastalar, bilişsel çarpıtmalar yapmaktadırlar. Clark'a göre panik bozuklukta yaşanan bedensel belirtilerin olumsuz bir biçimde yorumlanması (ör.; kalp çarpıntısının kalp krizi olarak yorumlaması) panik atakları ortaya çıkarmaktadır (Tural, 2012, s. 20-21).

Panik bozuklukta bilişsel çarpıtmalar bir kısır döngüye neden olmaktadır. Bu kısır döngü ise hastayı daha da kaygılı yapmakta, yeni panik atakların ortaya çıkmasına neden olmaktadır.

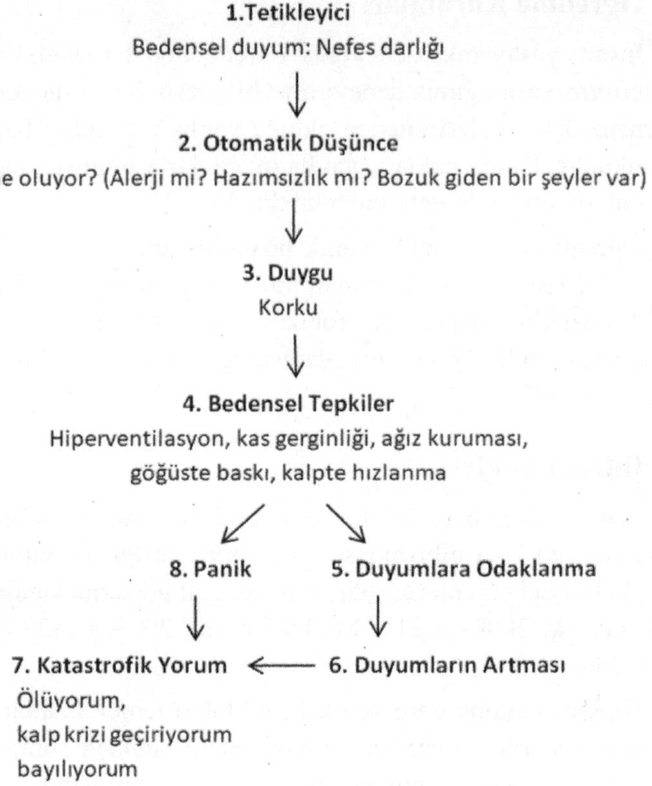

Şekil 1. Panik Atağın Bilişsel Modeli: David Clark

Erken Yaşam Olayları

Panik bozukluk tanısı almış hastalar üzerinde yapılan bazı araştırmalarda, erken yaşam dönemlerinde ebeveyn kaybı, tecavüz, fiziksel kötü davranma gibi olayların hastalığın ortaya çıkmasında etkili olabileceği belirtilmektedir (Breier et al., 1985, s. 787-797).

Bir çalışmaya göre ise panik bozukluk tanısı almış hastaların erken yaşam dönemlerinde, kötü davranışlara maruz kalma oranının %35, cinsel istismar oranının %10, fiziksel şiddetin %35, aile içi şiddete tanık olmanın %29 olarak görülmesi ayrıca dikkat çekicidir (Yüksel, 2001, s. 175).

Ayrılık Kaygısı (Anksiyetesi)

Panik bozukluğun oluşumunda, çocukluk döneminde yaşanan ayrılık kaygısının etkili olduğu ileri sürülmektedir. Panik bozukluk tanısı almış hastalar üzerine yapılan bazı çalışmalarda, çocukluk dönemi ayrılık kaygısının etkili olduğunu desteklemektedir (Aysev ve Taner, 2007).

Çocukluk dönemi ayrılık kaygısının ortaya çıkması sonucu; bastırma, yer değiştirme, kaçınma gibi bazı savunma mekanizmaları devreye girmektedir. Bu dönemde yaşanan ayrılık kaygısının, çocuğun gelişmekte olan sinir sistemi üzerinde olumsuz etkileri söz konusu olmaktadır. Ayrıca bu dönemde etkilenen sinir sistemi, yetişkinlikte kişiyi kaygı bozukluğuna yatkın hâle getirebilir. Agorafobinin ortaya çıkmasında, çocukluk döneminde yaşanan anne-baba kaybı ve ayrılık kaygısının etkisinden söz edilmektedir. Toplumsal yaşam içinde yalnız kalma ve terk edilme durumu; çocukluk kaygılarının tekrar ortaya çıkmasına yol açabilir (Kaplan and Sadock, 2005, s. 215).

Stresli Yaşam Olayları

Panik bozukluk tanısı almış hastalar üzerinde yapılan bazı çalışmalara göre panik bozukluk başlamadan önce hastaların stresli yaşam olayları yaşadığı tespit edilmiştir. Bu stresli yaşam olaylarının, panik bozukluğun ortaya çıkmasına zemin hazırladığı düşünülmektedir.

Bir çalışmaya göre panik bozukluk tanısı almış hastaların yaklaşık 2/3'ünde, hastalık başlamadan önceki 6 ay içerisinde stresli durumlar yaşadıkları ortaya çıkmıştır (Breier et al., 1985, s. 787-797). Bu durumlar; yakın birinin kaybı, iş yaşamı ile ilgili sorunlar, sevilen kişiden ayrılma gibi stresli yaşam olaylarıdır (Tükel, 2014, s. 4). Bu olumsuz stresli yaşam olayları, panik bozukluğun ortaya çıkması için psikolojik ve norobiyolojik bir zemin hazırlıyor olabilir (Sevinçok ve Akoğlu, 2001, s. 215-227).

Panik bozukluk tanısı almış hastalar için stresli yaşam olayları, yoğun çalışma ya da günlük ortaya çıkan sorunlar hastanın panik ataklarını tetikleyebilir. Bundan dolayı olumsuz durumlardan kaçınma eğilimleri ortaya çıkmaktadır. Bu kaçınma davranışları ise agorafobiden farklı özellikler taşımaktadır. Ayrıca bu kaçınma davranışları, daha çok "zarar görmekten kaçınma" durumudur (Onur vd., 2004).

Genetik yatkınlık üzerine stresli yaşam olayları, panik bozukluk tanısı almış hastalarda; anksiyete, depresyon gibi eş tanıların görülmesine neden olmaktadır (Sevinçok ve Akoğlu, 2001, s. 215-227).

Bağlılık ve Kaybetme Durumu

Psikiyatrist ve psikanalist John Bowlby tarafından bu kuram geliştirilmiştir. Bowlby kaygı bozukluğunun tanımı için içgüdüsel dürtülerin önemine dikkat çekmiştir. En önemli içgüdünün ise bağlılık olduğunu öne sürmüştür. Bağlılık ve kaybetme durumu ise kaygı bozukluklarını ortaya çıkmasına neden olabileceğini öne sürmüştür. Bundan dolayı panik bozukluk; bağlılık ve kaybetme kaygısının da içinde yer aldığı çok yönlü bir ruhsal hastalık olarak ele alınabilir (Kaya, 2010, s. 110).

Hastalığın Gidişatı

Panik bozukluğun seyri; hastanın tedaviye uyumu, ilaç + psikoterapi tedavi yönteminin seçimi, diğer yardımcı tedavi seçeneklerinden yararlanılması şeklinde hastadan hastaya farklılık göstermektedir.

Daha önceki bölümlerde belirtildiği gibi panik bozukluk başlangıç yaşı genellikle ergenlik ve ilk gençlik dönemleri arasında olmakla birlikte daha sonraki dönemlerde de ortaya çıkmaktadır.

Panik bozukluk tekrarlayabilen ve süreklilik gösterebilen bir psikiyatrik rahatsızlıktır (Kaplan ve Sadock, 1995, 1998, s. 594-602). Yapılan bazı çalışmalarda, ortalama ikinci yıla kadar %25-%72 oranında iyileşme, beş yıl ile on yıl arası ise %10-30'unda tam iyileşme sağlandığı ortaya çıkmaktadır (Altıntaş, 2006, s. 16).

Panik bozukluğa agorafobi eşlik ediyorsa kaçınma davranışları oluşacağından dolayı hastalık, agorafobisi olmayanlara göre daha şiddetli ve daha uzun sürmekte ve hatta kronik bir hâl alabilmektedir. Agorafobide görülen kaçınma davranışları tedaviyle zamanla azalsa bile panik atakların devam ettiği görülmektedir. Panik bozuklukla birlikte seyreden duygu durum bozuklukları nedeniyle hastalık, daha uzun bir döneme yayılmakta ve diğer kaygı bozukluklarıyla birlikte daha şiddetli belirtiler vermektedir (Noyes et al., 1990, s. 809).

Panik bozukluk tanısı almış hastaların yaşam kalitesi bozulmaktadır. Hastalar; düşünce, duygu ve davranışlarında birçok olumsuzlukla karşı karşıya kalmaktadırlar. Bu süreç; hastanın mali durumunu ve iş yaşamını, aile ilişkilerini olumsuz etkilemekte ve hastanın sosyal işlevselliğini de bozmaktadır.

Panik bozuklukta ortaya çıkan bilişsel çarpıtmalar, hastanın bedensel belirtilere odaklanmasını ve sağlığıyla ilgili son derece ciddi kaygılar yaşamasına neden olmaktadır. Hastalar, panik atak esnasında yükselen tansiyonu nedeniyle beyin kanaması geçireceğine yönelik yoğun bir kaygı yaşamaktadırlar. Ayrıca hastalar, genç yaşta hipertansiyon veya kalp hastası olduğunu düşünmektedirler. Dolayısıyla hastalar, kalp krizi sonucu öleceğine yönelik korku ve kaygıyla yaşamaktadırlar.

Panik bozuklukta kadınların psikolojik olarak daha hassas olması, kişiler arası ilişkilerde duyarlılık, mesleki ve sosyal desteğin zayıf olması, erken başlangıç, kişilik bozukluğunun hastalığa eşlik etmesi, panik bozuklukta olumsuz klinik gidişata neden olmaktadır (Yonkers et al., 1998; Cowley et al., 1996; Pollack et al., 1996; Altıntaş, 2006, s. 17).

Panik bozukluğa yönelik yapılan tedavi süreci büyük oranda başarı sağlanmaktadır. Bu iyileşmeyle beraber sonraki dönemlerde panik bozukluğun yenilemesi söz konusu olmaktadır. Hatta bazı panik bozukluk tanısı alan hastaların hastalığın kronikleşmesi nedeniyle ömür boyu ilaç kullanması söz konusu olabilir.

Panik Bozukluğunu Diğer Hastalıklardan Ayırma

Hastaya panik bozukluk tanısı koyulmadan önce mutlaka bir uzman tarafından ayırıcı tanı yapılması gerekir. Son yıllarda yapılan birçok çalışmaya göre bedensel ve ruhsal hastalıklar sonucu panik atakların ortaya çıktığı görülmektedir (Köknel, 2004, s. 154). Bazı hastaların aşırı kafein tüketimi, steroid tedavisi, amfetamin zehirlenmesi, bazı alışkanlık yapan maddelerin bırakılması sonucu ortaya çıkan yoksunluk belirtileri ile birlikte panik atakları görülmektedir (Öztürk, 1988).

Panik Atağa Neden Olan Fiziksel Hastalıklar

Bazı fiziksel hastalıkların panik ataklarıyla aynı belirtileri verdiği tespit edilmiştir. Bu fiziksel rahatsızlıkların uzman bir hekim tarafından bazı tetkikler sonucunda ayırıcı tanısı yapılmaktadır. Baş dönmesi, bilinç oynamaları, idrar kontrol bozukluğu gibi belirtiler ile kırk beş yaşın üzerinde olan hastalarda genellikle organik bulgular araştırılmaktadır (Tural, 2014, s. 22). Uzman hekimler, panik bozukluk tanısı koymadan önce panik atağa neden olabilecek bazı bedensel hastalıkları araştırarak kesin tanıyı koymaktadırlar (Tükel, 2002). Bu bedensel hastalıklar sırasıyla aşağıda yer almaktadır:

1. Anemi,
2. Hipertansiyon,
3. Kalp yetmezliği,
4. Miyokard enfarktüsü,
5. Taşikardi,
6. Astım,
7. Serebrovaskuler Bozukluklar,
8. Menier Hastalığı,
9. Migren,
10. Epilepsi,

11. Diyabet,
12. Hipertiroidizm,
13. Hipoglisemi,
14. Hipoparatiroidizm,
15. Feokromasitoma,
16. Premenstrual Sendrom,
17. Amfetamine,
18. Antikolinerjik,
19. Kokain,
20. Nikotin,
21. Alkol,
22. Benzodiazepin gibi ilaçların yoksunluğu,
23. B12 yetersizliği.

Panik Atağa Neden Olan Psikiyatrik Bozukluklar

Panik bozukluk, diğer ruhsal rahatsızlıklarla beraber sıkça görülmektedir. Bu psikiyatrik rahatsızlıkların ayırıcı tanısı panik bozukluğun tedavisi için son derece önemlidir. Panik atak benzeri belirtiler gösteren psikiyatrik rahatsızlıklar aşağıda sırasıyla yer almaktadır.

Agorafobi

Panik bozukluk tanısı alan hastaların birçoğuna agorafobi eşlik etmektedir. Panik bozukluk ile agorafobi ilişkisi bazı araştırmacılar arasında tartışma konusu olmuştur. Bazı araştırmacılar, agorafobinin panik bozukluğunun bir sonucu olduğunu ileri sürmektedirler (Yüksel, 2001, s. 118). İkinci bir görüş ise agorafobinin kendi başına bir rahatsızlık olduğuna yöneliktir.

Not: *Panik bozukluk agorafobili ve agorafobisiz seyredebilmektedir. DSM-V tanı kriterine göre agorafobi ve panik bozukluk ayrı hastalıklar olarak ele alınmıştır.*

Depresyon

Panik bozukluk, depresyonla birlikte sıkça görülen bir kaygı bozukluğudur. Panik bozukluk tanısı almış hastaların birçoğunda majör depresyonun eşlik ettiği görülmektedir. Panik bozukluk ve depresyonunun beraber görüldüğü durumlarda, hastaların 1/3'ünde depresyonun panik bozukluktan önce başladığı, 2/3'ünde depresyonun panik bozukluğu ile birlikte ya da ondan sonra başladığı bildirilmiştir (Lesser et al., 1989; Tükel, 2002, s. 11). Panik bozukluğun uzun süre devam etmesi, yaşam kalitesinin olumsuz bir biçimde etkilediği, şiddetli agorafobik kaçınmaların olduğu ve bu çaresizlik durumunun zamanla ümitsizlik ve depresif belirtilere dönüşebildiği görülmektedir (Tükel, 2002, s. 11).

Genel Özellik Taşıyan Kaygı Bozukluğu

Genel kaygı bozukluğu sürekli bir kaygı durumunu ifade etmektedir. Bu kaygı bozukluğu daha çok mesleki durumlar maddi zorluklar ve hastalıklarla ilgilidir. Bu durumlar sonucunda zamanla aşırı kaygı ve kaçınma davranışları ortaya çıkar. Kaçınma davranışları ve sürekli kaygı durumu panik bozukluğunu düşündürebilir (Sheehan, 1999, s. 5-6).

Barlow ve arkadaşlarının 1986 yılında yaptıkları bir çalışmaya göre panik bozukluk tanısı almış hastaların %71'inde genel kaygı bozukluğunun görüldüğü ortaya çıkmıştır. Sanderson ve Barlow, bu çalışmaya ek olarak panik bozukluğu tanısı koyulmasa bile genel kaygı bozukluğu hastalarının %73'ünün en az bir defa panik atağı yaşadıklarını tespit etmişlerdir (Sanderson ve Barlow, 1990; Ergil, 2006, s. 22).

Genel kaygı bozukluğu uzun süreli bir kaygı bozukluğudur. Panik ataklar ise aniden başlayan ve şiddetli bir kaygı durumu olarak tanımlanabilir. Panik bozukluğunu genel kaygı bozukluğundan ayıran en önemli özellik ise kişinin delireceğine veya kontrolünü kaybedeceğine dair düşünceleridir (Zuckerman, 1999, s. 102-115).

Takıntı ve Zorlantı Bozukluğu (Obsesif-Kompulsif)

Panik bozukluk tanısı almış hastalar, takıntılı düşüncelerle ilgili durumlarla karşılaştığı zaman kaygı ve panik benzeri durumlar yaşayabilirler. Obsesif-kompolsif hastalarını, panik bozukluk hastalarından ayıran en önemli özellik ise panik bozukluğunda atakların beklenmedik zamanlarda ve durumlarda belli bir neden olmadan çıkabildiğidir (Işık, 2006, s. 120).

Sosyal Fobi

Sosyal fobi kaygısı; bir sahne veya kürsü benzeri topluluk önünde yapılacak bir konuşmada rezil olunacağı ve herkesin onun hakkında olumsuz düşüncelere sahip olacağına yönelik yoğun bir kaygı durumudur. Breier ve grubu; 1986'da panik bozukluğu ile birlikte görülen sosyal fobi oranının %8 olduğunu tespit etmişlerdir. Crino ve Andrews; 1996 yılında, panik bozukluk ve agorafobi hastalarında yaşam boyu görülecek sosyal fobinin oranının %58 olduğunu öne sürmüşlerdir (Kocabaşoğlu, 2002; Ergil, 2006).

Özgül Fobi

Panik bozukluk tanısı almış bazı hastalar, bir mekânda panik atak geçirmişse o mekândan uzak durmak için yoğun çaba göstermektedirler. Çünkü yine aynı ortamda benzer panik atakların ortaya çıkacağına yönelik kaçınma davranışları geliştirmektedirler (Kaplan and Sadock, 2004). Panik bozuklukta görülen kaçınma davranışı ile özgül fobide görülen kaçınma davranışları arasında ki ayırıcı tanıyı uzman bir hekim yapacaktır.

Paranoid

Paranoid psikozlarda; kendisine kötülük yapılacağı, takip edildiğine yönelik sanrıları şiddetli olursa hasta korku ve kaygı durumu yaşayabilir. Bu duruma bağlı olarak gelişen kaygı, panik atak benzeri belirtilere neden olabilir (Öztürk, 2001).

Hipokodriyazis

Panik bozukluk tanısı almış hastalar, genellikle bedensel belirtileri yanlış yorumlamakta ve ciddi bir hastalığa yakalanmış olduklarına yönelik korku ve kaygıları söz konusudur. (Karapıçak vd. 2011). Ancak bu korku ve kaygıları sadece panik atakların olduğu dönemle sınırlıdır. Hipokondriyasiz hastaları ise panik ataklar dışında, sürekli bir bedensel hastalığa yakalanmış olduklarına yönelik bir inancı taşımaktadır. Bu hastalar, bundan dolayı sıklıkla doktorlara giderek hastalıklarına yönelik bir kanıt arama çabası içindedirler (Tükel, 1997).

Kişilik Bozuklukları

Panik bozukluk tanısı almış hastalarda sıklıkla gözlenen kişilik bozuklukları; çekingen, bağımlı, takıntılı kişilik bozukluklarıdır. Ayrıca sınırda ve paranoid kişilik bozuklukları da gözlenmektedir. Panik bozukluğuna eşlik eden kişilik bozuklukları, tedaviyi olumsuz yönde etkilemektedir (Kocabaşoğlu, 2002; Ergil, 2006). Panik bozukluk tanısı alan hastalarda kişilik bozukluğunun varlığı sorgulanmalıdır. Böylece yapılan ayırıcı tanı sonucunda doğru bir tedavi yaklaşımı uygulanmış olacaktır.

Panik Bozukluğu ve Alkol Bağımlılığı

Alkol bağımlılığı olan hastalarda panik bozukluğunun ortaya çıktığı görülmektedir. Panik bozukluğu tanısı almış hastalarda ve birinci derece akrabalarında alkol bağımlılığı oranı yüksektir. Bir çalışmaya göre panik bozukluk tanısı almış hastalarda alkolün kötüye kullanımı %14-16, alkol bağımlılarında panik bozukluk oranı ise %2-17 arasında olduğu tespit edilmiştir. Agorafobili panik bozuklukta ise alkol bağımlılık oranı %1-21'dir (Kocabaşoğlu, 2002; Ergil, 2006).

Panik Bozukluk ve İntihar İlişkisi

Amerikan Akıl Sağlığı Ulusal Enstitüsünün (NIMH-ECA) bir çalışmasında, intihar girişiminde bulunan hastaların %7'sinde panik bozukluk olduğu tespit edilmiştir. Bu çalışmanın sonuçlarına yapılan bazı eleştiriler ışığında çalışma yeniden analiz edilmiştir. Günümüzde bu konu ile ilgili varılan son nokta; madde kullanımı, panik ataklara eşlik etmediği sürece intihar riskini artırmadığı tespit edilmiştir (Ergil, 2006).

Panik Bozukluk Tanısı Almış Hastaların Sosyokültürel Farklılıkları

Dünya genelinde panik bozukluk tanısı almış hastalar üzerinde yapılan çalışmalara göre panik bozukluk rahatsızlığı yaşayan hastalar arasında çok büyük sosyokültürel farklılıkların olmadığı bildirilmektedir. Bu çalışmaların sonuçlarına rağmen büyük şehirlerde yaşam koşullarının ağır olmasından dolayı, şehirde yaşayan insanlara oranla kırsal kesimlerde yaşayanlar daha az panik atak geçirmektedir (Köknel, 2007, s. 1-10).

Panik Bozuklukta Yaşam Kalitesi

Panik bozukluk tanısı almış hastaların yaşam kalitesine ait ilk bulgular, Amerikan Akıl Sağlığı Ulusal Enstitüsünün (NIMH-ECA) alan çalışmasında ortaya çıkmıştır. Bu çalışmaya göre panik bozukluk tanısı almış hastaların %35'inin genel sağlığında bir bozulma olduğu, %38'inde ise ruhsal sağlığın kısmen ya da tamamen bozulduğu tespit edilmiştir. Hastaların çoğunda sosyal işlevsellikte sorunlar olduğu ortaya çıkmıştır (Markowitz JS, 1989; Altıntaş, 2006).

Panik bozukluk tanısı almış hastaların %65'inin işsiz, %27'sinin bazı kurumlardan yardım aldığı bildirilmiştir (Massion AO et al., 1993; Altıntaş, 2006). Sağlıklı kişilere göre panik bozukluk tanısı alan hastalar; bedensel, ruhsal ve sosyal yaşamlarının olumsuz bir seyir izlediği öne sürülmektedir (Eaton WW et al., 1994; Altıntaş, 2006).

Delina-Marina P. tarafından altmış beş panik bozukluk tanısı almış hasta üzerinde yapılan bir çalışmada; bu hastaların %70'inde mesleki ve sosyal alanda, %30'unun ise evliliğinde sorunlar olduğu ortaya çıkmıştır (Delia Marina P., 2000).

Tedavi edilmeyen panik bozukluk tanısı almış hastaların işe gitmeme veya devamsızlık sorunu yaşadıkları, yüksek oranda hastanelere başvurdukları, bunun için çok ciddi miktarda para harcadıkları görülmektedir. Tedavi sonrası bu oranlarda anlamlı bir azalma olduğu bildirilmektedir (Salvador-Carulla L. et al., 1995).

Bölüm Özeti

Kaygı (anksiyete) bozukluğu sınıflaması içinde yer alan "panik bozukluk" hem Dünya Sağlık Örgütü hem de Amerikan Psikiyatri Birliğinin tanı kriterleri içerisinde yer almaktadır. DSÖ'nün tanı kriteri olan ICD-10 da panik bozukluğu, "Nevrotik, Stresle İlgili Somatoform Bozukluklar" başlığı adı altında ele alınmıştır. APA'nın sınıflandırma sistemi olan DSM-V'te ise panik bozukluğu anksiyete bozuklukları başlığı adı altında sınıflandırılmıştır (Tural, 2013).

Panik bozukluk aniden ortaya çıkan, ruhsal ve bedensel belirtileri olan bir hastalıktır. Panik bozukluk belirtileri; nefes almada güçlük, kalp çarpıntısı, göğüs ağrısı, boğulma hissi, mide bulantısı, baş dönmesi, terleme, titreme gibi bedensel belirtiler yanı sıra yoğun kaygı, korku ve korkunç bir şey olacakmış duyguları eşlik etmektedir.

Panik atak nöbetlerinin haftada birden fazla ortaya çıktığı görülmektedir. Panik ataklar 5 ile 10 dakika arası yoğun bir biçimde yaşanmakta, bazen etkisi saatlerce sürebilmektedir. Bu nöbetler, tehlikesiz görünen ve beklenmeyen durumlarda da ortaya çıkmaktadır. Panik bozukluk tanısı için yeni ataklarla ilgili kaygılı bir bekleyiş tanıyı kolaylaştırmaktadır (Davidson and Neale, 2004).

İlk panik atak sonrası kaygılı bekleyiş, panik bozukluk hastalarının yaşam kalitesini bozmaktadır. Çünkü ortaya çıkan kaçınma davranışları birçok olumsuzluğa neden olmaktadır. Hastalar, aktif durumdan pasif bir duruma geçerek yoğun kaygı ve korku eşliğinde çaresizce bir yardım beklemektedirler.

Panik bozukluğun biyolojik temeli olduğuna yönelik görüşler sıklıkla dile getiriliyor olsa da hastalığın ortaya çıkmasında biyopsikososyal faktörlerin etkili olduğu kabul edilmektedir.

İKİNCİ BÖLÜM

PANİK BOZUKLUK VE HİPERTANSİYON

Panik bozukluk hastalarında genellikle atak sırasında tansiyon değerleri yüksek çıkmaktadır. Damarlarda büzüşme ve kalpte hızlanma nedeniyle tansiyon yükselmektedir. Özellikle yükselip düşen tansiyon panik bozukluğun bir belirtisi olabilir. Panik bozuklukta yükselip düşen tansiyon değerleri nedeniyle bu hastalara bazen yanlışlıkla hipertansiyon tanısı konmakta ve hastalara tansiyon düşürücü ilaç tedavisi uygulanmaktadır.

Beyaz Önlük Hipertansiyonu

Hastane ortamında yükselen tansiyon olarak adlandırılan beyaz önlük tansiyonun nedeni henüz bilinmemektedir. Büyük bir ihtimalle bazı hastaların hastane ortamında yaşadığı kaygı, korku ve stres durumu tansiyon değerlerini etkilemektedir. Özellikle panik bozukluk hastalarında, hastane ortamında meydana gelen tansiyon yükselmesi, bu belirtilerin stres ve kaygı ile ilişkisinin olduğunu ortaya koymaktadır.

Ne Zaman Hipertansiyon Tanısı Konur?

Hipertansiyon kan basıncı, genellikle bir hafta boyunca yapılan ölçümlerin ortalamasında 140/90 mmHg ve üzerinde bir sonuç çıkması hâlinde hipertansiyon tanısı konmaktadır. Yapılan haftalık tansiyon ölçümleri farklı günlerde ve zamanlarda üç defa ölçülerek ortalaması alınmalıdır. Normal kan basıncı 120/80 olup tansiyon bu değerlerin üzerinde ise kişi hipertansiyon riski taşıdığı bildirilmektedir. Hipertansiyon; kalp ve damar rahatsızlığı açısından bir risk unsuru olarak kabul edilmektedir. Hipertansiyon şiddet derecesini gösteren bir şekil aşağıda yer almaktadır.

Tablo 1. Hipertansiyon Şiddet Derecesi

Kan Basıncı (mmHg)	
Normal	120/80 mmHg ve altı
Hipertansiyon adayı	120-139 /80-89 mmHg
Evre I	140-159 /90-99 mmHg
Evre II	160-170 / 100-109 mmHg
Evre III	180/100 mmHg üstü

Panik Bozukluk Hastalarının Hipertansiyon ile İlgili Bilişsel Durumu

Panik bozukluk tanısı alan hastalar, kaygı ve stres durumunda yükselen tansiyon değerlerini olumsuz yorumlayarak hipertansiyon hastası olduklarına yönelik bir inanç geliştirmektedirler. Hastalar, hipertansiyon nedeniyle beyin kanaması geçireceği ya da felç olacağına dair yoğun bir kaygı ve korku yaşamaktadırlar.

Panik bozuklukta var olan bedensel belirtiler hastalarda bilişsel çarpıtmalara yol açtığından dolayı, hastaların yüksek tansiyon hastası olduklarına yönelik korku ve kaygı yaşamaları, hastaların yaşam kalitesini olumsuz yönde etkilemektedir.

Bazı hastalar; hipertansiyon hastası olduklarını, evlilik yapamayacaklarını, sorumluluk alamayacaklarını düşünürler. Bu olumsuz düşüncenin kökeni ise hipertansiyon nedeniyle her an öleceklerini düşünmeleridir.

Panik Bozukluk Hastalarına Hipertansiyon ile İlgili Yaklaşım

Panik bozukluk hastaları; internet, sağlık kitapları ve güncel TV programlarında hipertansiyon ve tedavisine yönelik haberlere odaklanmaktadırlar. Hipertansiyon hastalarında oluşabilecek beyin kanaması ve felç riski, hastaların kaygı oranını yükseltmektedir.

Panik bozukluk tanısı almış hastalarda ortaya çıkan agorafobi (kaçınma davranışları), hastada tansiyon ölçme aletlerine karşı kaçınma ve kaygı durumuna da neden olmaktadır. Tansiyonu takibe alınan hasta, eczane ve hastane ortamında tansiyon aletine karşı geliştirdiği kaçınma davranışları nedeniyle tansiyonu sürekli bu ortamlarda yüksek çıkmaktadır.

Panik bozukluğun ilk ortaya çıktığı yaşların 17-30 aralığı olduğu düşünülürse hastaya olumsuz bazı sorular yöneltilecektir. "Senin bu yaşta tansiyonun nasıl bu kadar yüksek çıkar?" gibi ifadeler hastanın kaygı durumunu daha da arttıracaktır.

Panik bozukluk hastaları yoğun kaygı ve stres altındadır. Hipertansiyon hakkında olumsuz geri bildirimler, hastanın depresif bir ruh hâline girmesine neden olmaktadır. Toplumumuzda hipertansiyonun çoğunlukla yaşlı hastalığı olarak bilinmesinden dolayı panik bozukluk hastası, genç yaşta nasıl böyle bir durumla karşılaştığı konusunda sürekli bir kaygı durumu yaşayacaktır.

Panik Bozukluk Hastalarının Hipertansiyon ile İlgili Kaygılarının Tedaviye Etkisi

Panik bozukluk tanısı almış bazı hastaların hipertansiyon hastası olduklarına yönelik kaygı durumları oldukça yüksektir. Panik bozukluk hastalarında var olan bilişsel çarpıtmalar burada da devreye girmektedir. Hastanın hipertansiyon hastası olduğuna yönelik kaygısı, var olan diğer panik bozukluk kaygılarına eşlik ederek hastanın iyileşme sürecini olumsuz etkilemektedir.

Panik bozukluk hastalarının başvurduğu bazı dâhiliye veya kardiyoloji uzmanları, hastalara hipertansiyon tedavisi uygulayabilmektedirler. Genelde kalp damar gibi hastalıklarda kullanılan ve panik bozuklukta da yardımcı bir ilaç olduğu düşünülen beta bloker grubu ilaçlar kullanılmaktadır. Hatta bazı hastalara hipertansiyon hastası olduklarına dair rapor bile çıkarılmaktadır. Verilen bu raporla panik bozukluk tanısı alan hastalar, hipertansiyon hastası olduklarına yönelik kaygılarına bir kanıt sunulmasına da neden olmaktadır.

Panik Bozukluk ile Beraber Seyreden Hipertansiyon Tedavisi

Panik bozukluk ile beraber seyreden hipertansiyon, panik bozukluk tedavisi ile beraber düzelmektedir. Özellikle panik atak sırasında yaşanan stres ve kaygı durumu kan basıncını yükseltmektedir. Bazı uzman doktorlar, panik atak sırasında yükselen tansiyonu dengelemek için beta-bloker ilaçlarını önermektedirler.

Özellikle panik bozukluk ile seyreden hipertansiyonun ayırıcı tanısı tedavi için son derece önemlidir. Çünkü hipertansiyon da panik atak benzeri belirtiler vermektedir. Uzman bir hekim tarafından hasta takibi yapılarak panik ile seyreden hipertansiyonun, panik bozukluktan kaynaklanıp kaynaklanmadığına yönelik bir sonuca götürecektir.

Evde ve hastane ortamında günlük olarak ölçülen tansiyon değerleri, uzman bir hekime tanı için yol gösterici olacaktır. Genelde panik bozukluk tanısı alan hastaların, hastane ortamında tansiyonları yüksek çıkmaktadır. Ev ortamında tansiyon değerleri normal sınırlarda çıkmaktadır.

Bölüm Özeti

Panik bozukluk, yaşadığımız yüzyılın önemli bir psikopatolojisidir. Bu hastalık, günümüzde çok rahat tedavi edilebilmektedir. Panik bozukluk tanısı alan hastaların yaşam kaliteleri olumsuz yönde etkilenmektedir. Çoğu hastanın; iş, okul, aile ve sosyal ortamlarda sorunlar yaşadığı görülmektedir. Panik bozuklukta var olan; "Kalp krizi geçiriyorum.", "Felç olacağım." vb. belirtilerin yanı sıra "Hipertansiyon hastası oldum." düşüncesi de hâkimdir. Bu olumsuz düşünceler, diğer olumsuz düşüncelerle birleşerek hastanın iyileşme sürecine bir engel teşkil etmektedir. Özellikle hastaya hipertansiyon tanısı konması, hastayı daha da kaygılandırmaktadır.

Normal tansiyon değeri 120/80 olarak kabul edilmektedir. Bu normal değerlerin üzerinde bir bulgu, hipertansiyon riski oluşturmaktadır. Tansiyon değerlerinin 140/90 mmHg üzerinde olması hipertansiyon tanısı için yeterlidir. Bu tanıya; günde üç kez, farklı ortamlarda en az bir hafta süreyle ölçüm yapılarak varılır. Tansiyon ölçümüyle ilgili bulgular, uzman bir hekim tarafından değerlendirilecektir.

Kalp, bir pompa gibi kanı damarlara taşımaktadır. Kalp, damarlara kan gönderdikten sonra gevşer. Kalp kasıldığında, kanı gönderdiği andaki basınç büyük tansiyonu, gevşediği sıradaki basınç ise küçük tansiyonu göstermektedir (Engin, 2014).

Kaygı bozukluğu (anksiyete) ve yüksek kan basıncı arasında bir etkileşim olduğu görülmektedir. Fransa'da kaygı bozukluğu ve hipertansiyon ilişkisine yönelik yapılan bir çalışmada, kaygılı hastalarda kan basıncının yüksek olduğu tespit edilmiştir (Ögel, 2014). Yapılan bu çalışmada, kaygı bozukluğu ve hipertansiyon ilişkisi ortaya çıkmışsa da panik bozukluk ile seyreden hipertansiyon geçici bir süre yüksek kalmaktadır. Hastanın kaygı durumu, normal seviyeye indiğinde tansiyonu da düşmektedir. Hastada hipertansiyon söz konusu olsaydı, tansiyonun her zaman yüksek seyretmesi gerekirdi.

Panik atak esnasında acil servislerde verilen kaygı giderici ilaçlar rahatlama sağlamakta ve yüksek tansiyonu normal sınırlara çekmektedir. Bu durum, panik bozuklukla beraber seyreden yüksek tansiyonu ifade etmektedir.

Not: Uzman hekim onayı olmadan, yüksek seyreden tansiyon esnasında kaygı giderici ilaçlar alınmamalıdır.

ÜÇÜNCÜ BÖLÜM

PANİK BOZUKLUK TANISI ALMIŞ HASTALARIN YAŞAM ÖZETİ

Panik bozukluğunu ortaya çıkaran nedenlere yönelik birçok kuram ve çalışma söz konusudur. Yukardaki bölümlerde değindiğimiz gibi günümüzde panik bozukluğun oluşumunda ve ortaya çıkışında biyopsikososyal nedenlerin olduğu kabul edilmektedir. Yani panik bozukluğun ortaya çıkışında birçok faktörün bir araya gelerek hastalığı ortaya çıkardığı düşünülmektedir.

Panik bozukluk, yüzyıllık gibi kısa bir geçmişi olan ruhsal hastalıklardan bir tanesidir. Bu ruhsal hastalığın neden günümüzde ortaya çıktığına yönelik birçok çalışma yapılmıştır.

Eğer panik bozukluğunda genetik yatkınlık söz konusuysa o zaman neden geçmişte bu hastalık görülmedi? Bu sorudan hareketle panik bozukluğun bu yüzyılımıza özgü bir ruhsal hastalık olmasının nedeni, günümüzde stresli yaşam olayları olduğu öne sürülebilir. Nitekim yapılan birçok çalışma, ilk panik atak öncesi son 6 ay içinde hastaların stresli yaşam olayları yaşadıkları tespit edilmiştir.

On İki Soruyla Panik Bozuklukta Ortak Yaşam Olayları Var mıdır?

1. Panik bozuklukta ortak yaşam olayları var mı?
2. Panik bozukluğun ortaya çıkışında hangi olaylar etkilidir?
3. Panik bozukluğun ortaya çıkışında ruhsal ve fiziksel aile içi şiddet etkili midir?
4. Panik bozukluk tanısı alan hastalarda cinsel istismar var mıdır?
5. Panik bozukluk tanısı alan hastalarda aşağılanma duygusu yaşanmış mıdır?
6. Panik bozukluk tanısı alan hastalarda ölüm korkusu daha önce var mıydı?
7. Panik bozukluk tanısı alan hastalarda ayrılık kaygısı yaşanmış mıdır?
8. Panik bozukluk tanısı alan hastaların ilişki durumları nedir?

9. Panik bozukluk tanısı alan hastalarda yas ve kayıp mevcut mudur?
10. Panik bozukluk tanısı alan hastalarda ortak travmalar var mıdır?
11. Panik bozukluk tanısı alan hastalarda bir hastalığa yakalanma korkusu var mıdır?
12. Panik bozukluk neden bu yüzyılda ortaya çıkmıştır?

Ortak Yaşam Olayları

Panik bozukluğun stresli yaşam olayları sonrasında ortaya çıktığı, yapılan birçok çalışmayla desteklenmektedir. Ayrıca bu çalışmalar, stresli yaşam olaylarının panik bozukluğun ortaya çıkışına yönelik bir risk faktörü olduğunu bildirmektedir. Panik bozuklukta stresli yaşam olaylarının tek başına bir risk faktörü olduğu veya diğer risk faktörlerinin etkisini arttıran bir faktör olduğuna yönelik farklı varsayımlar ortaya atılmıştır (Oei, 1988; İlhan ve Sayıl, 2014). Aşağıda bazı stresli yaşam olayları ve bu konuya yönelik yapılan bir çalışmanın sonuçları yer almaktadır.

Travma

Travma; bireyin kişiliği ve ruhsal yapısı üzerinde kalıcı bir etkisi olan, normal dışı bir olay veya durumun, bireyin veya yakınlarının bedensel ve ruhsal bütünlüğüne yönelik bir tehdit oluşturabilecek; ölüm veya yaralanma riski olan olayları yaşama ya da bu olaylara tanık olma durumudur.

Travmatik olaylar; taciz, istismar gibi uzun süreli, beklenilen ve tekrarlayan biçimlerde insan eliyle de gerçekleşmektedir. Travmatik özellikte olan olaylar, deprem gibi birçok doğa olayı sonucunda da gerçekleşmektedir.

Bireylerin travmatik bir olay yaşaması veya bu olaylara tanık olmasının ruh sağlığı açısından olumsuz sonuçları olmaktadır. Rus sağlığı üzerinde etkisi olan travmalar, bu etkiye maruz kalan herkesi belli ölçülerde etkilemektedir. Bu travmalar, psikolojik rahatsızlıklara zemin olmaktadır. Bireylerde travma sonrası ortaya çıkan birbirinden farklı birçok tepki de oluşmaktadır. Yaşanan bu travmalar sonrası; depresyon, panik bozukluk, madde ve alkol bağımlılığı, uyum bozukluğu gibi birçok psikopatoloji gelişmektedir (Yüksel, 2009). Travmaya yönelik yapılan bir çalışmada, panik bozukluk tanısı alan hastaların, ilk panik atak öncesi ciddi travmalar yaşadıkları tespit edilmiştir. Panik bozukluk tanısı almış 30 hasta üzerinde yapılan bu çalışmaya göre hastaların %21'inin ilk panik atak öncesi ciddi travmalara maruz kaldığı ortaya çıkmıştır.

Tablo 2. İlk Panik Öncesi Yaşadığınız Ciddi Bir Travma Var mı?

	n	%
Cinsel saldırıya maruz kalmış.	1	14,3
Bir cinayete tanık olmuş.	1	14,3
Deprem yaşamış çok korkmuş.	2	28,6
Hala kızı cinayet işlenmiş.	1	14,3
Erken yaşta çocuk sahibi olmak.	1	14,3
Deprem ve uçakta yangın.	1	14,3
Toplam	**7**	**100**

Aile İçi Şiddet

Şiddet, bireyin fiziksel, ruhsal veya ekonomik yönden zarar görmesi ya da acı çekmesine neden olan ve bireyin yaşamının baskı altına alınmasına yönelik tehdit ve baskıları da içeren tutum ve davranışlardır. Bu baskılar, tutum ve davranışlar fiziki saldırıyı içerebilir veya içermeyebilir. Genelde şiddet; fiziksel ve ruhsal olmak üzere iki şekilde uygulanmaktadır.

Bireylerin ruhsal yapısının temel taşları çocukluk döneminde şekillendiği için şiddet gören çocuklar, sonraki dönemlerde; duygusal, bilişsel, davranışsal, normal dışı durumların olumsuz etkilerine maruz kalabilirler (Savaş, 2014).

Aile içi şiddet; aile içerisinde bir bireyin diğer bireye karşı bedensel, ruhsal, cinsel istismara maruz bırakması veya sosyal yaşama katılmasına engel olması, maddi bir araç olarak kullanması gibi durumların ortaya çıkmasıdır. Ayrıca aile içerisinde şiddete tanık olan çocuklar da ruhsal olarak olumsuz etkilenmektedirler.

Ebeveynler, çocuklarına yönelik uyguladıkları şiddetin; öfkeli, kuralsız, evden kaçan, çekingen, iletişimde başarısız, madde bağımlısı bireylerin yetişmesine katkı sağlayacağını asla unutmamalıdırlar (Tunç vd. 2014). Çünkü 0-6 yaş dönemi, çocukların ruhsal yapılarının temel yapısının geliştiği dönemlerdir. Bundan dolayı çocukların 0-6 yaş arasında tanık olduğu fiziksel ve ruhsal şiddet, daha sonraki dönemlerde ortaya çıkabilecek psikolojik sorunlara da zemin olmaktadır. Ayrıca buna yönelik yapılan birçok çalışmada, psikopatolojilerin ortaya çıkmasında çocukluk dönemi olayların etkili olduğu desteklemektedir. Bu erken yaşam dönemlerinde uygulanan şiddet kaygı bozuklukları ve fobiler gibi birçok psikolojik rahatsızlığın ortaya çıkmasına neden olabilir.

Bazı bilim insanları; şiddeti, çocuk istismarı bağlamında da değerlendirmektedirler.

DSÖ'nün çocuk istismarına yönelik yaptığı tanım şöyledir: "Çocuğun sağlığını, fiziki ve psikososyal gelişimini olumsuz yönde etkileyen, bir yetişkin, toplum veya ülke tarafından bilerek ya da bilmeyerek yapılan davranışlar çocuk istismarı olarak kabul edilir" (Şirin, 2011).

Panik Bozukluk Tanısı Alan Hastaların Yaşadığı Aile İçi Şiddet Oranı

Panik bozukluk tanısı almış hastaların %63'ünün, hastalığa yakalanmadan önce aile içi fiziksel ve ruhsal şiddete maruz kaldığı ortaya çıkmıştır. Aile içi şiddet oranının diğer zorlayıcı yaşam olaylarına göre oranı çok yüksek olduğu tespit edilmiştir. Aile içi şiddetin daha çok baba tarafından uygulandığı görülmüştür. Babanın alkol ve madde kullanımıyla ilgili sorunları olduğu belirlenmiştir. Bu sonuç alkol ve madde bağımlılığının, aile içi şiddette oynadığı rolü de göstermektedir.

Aile içi şiddet genellikle erkekler tarafından uygulanmaktadır. Aile içi şiddetin mağdurları, genellikle kadın ve çocuklar olmaktadır. Şiddet, kişilerin ruh ve beden sağlığını olumsuz yönde etkilemektedir (Yüksel, 2009).

Panik bozukluk tanısı almış 30 hasta üzerinde yapılan bir çalışmada, 30 panik atak hastasının 21'inde ilk panik atak öncesi aile içi şiddet durumu yaşadığı görülmüştür. Çalışmayı gösteren tablo ve şekil aşağıda yer almaktadır (Barniç, 2015).

Tablo 3. Panik Bozukluk Tanısı Almış Hastaların Aile İçi Şiddet Durumu

	n	%
Aile içinde şiddet var.	6	28,5
Aile baskısı sonucu ortaya çıkan şiddet.	2	9,5
Anne-baba boşanmış, aile içi şiddet görmüş.	1	4,8
Anne-baba dış etkenlerden kendisini koruyamamış. Amca korkusu. Aile içi şiddet var.	1	4,8
Ailevi maddi ve manevi sıkıntılar, aile içi şiddet var.	1	4,8
Annesinden hep utanmış, anneyi-babayı aldatıyormuş. Yoksul bir aile hayatı.	1	4,8
Anne ve baba hastanelerde uzun süre tedavi görmüş. Aile içi şiddet var.	1	4,8
7 yaşında kardeşi olmuş; ağlamış, ailesi odasını ayırmış, aile içi şiddet var.	1	4,8
Geniş aile sorunları yaşamış. Anne baskılar sonucu evden kaçmış ve hafızasını yitirmiş. Baba ve geniş aile tarafından baskı görmüş. Anne ayırımcılığa tabi tutulmuş. Aile içi şiddet.	1	4,8
Babaanne kendisini büyütmüş, aile içi şiddet görmüş.	1	4,8
Aile kendisini kabul etmiyor, şiddet görmüş.	1	4,8
Baba evi terk etmiş ve anne başka biriyle evlenmiş, üvey babası tarafından şiddet görmüş.	1	4,8
Kardeş hapis cezası almış, aile içi şiddet var.	1	4,8
10 yaşından 25 yaşına kadar yurtlarda şiddet görmüş.	1	4,8
Çok evhamlı ve kaygılı bir aile, aile içi şiddet görmüş.	1	4,8
Toplam	**21**	**100**

Panik bozukluk tanısı almış hastalarda yapılan anket çalışmasında, 30 hastadan 21'nin ilk panik atak öncesi yaşam olaylarında aile içi şiddete maruz kaldığı ortaya çıkmıştır. Anket sorularına verilen cevaplara göre aile içi şiddetin nedenleri farklılık göstermektedir. Aile içi şiddetin birçok nedeni olsa da özellikle şiddet uygulayan ebeveynler arasında babanın alkol ve madde bağımlısı olması ayrıca dikkat çekicidir.

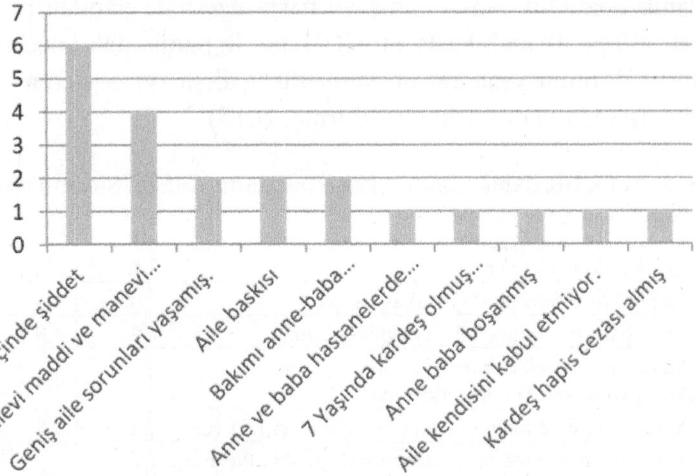

Şekil 2: Aile İçi Şiddet Grafiği

Yas ve Kayıp

Yas, bütün kültürlere özgü olan evrensel bir durumdur. Bir kişinin ölümünden sonra ortaya çıkan yas, normal insani bir durumdur. Tutulan yas durumu bittikten sonra kişiler, normal yaşamlarına devam etmektedirler. Ancak bazı kişiler, kayıplardan sonra tutulan yas durumunu atlatamamaktadırlar. Bazı ölümler sonrası travmatik yas durumu gelişmektedir. İntihar veya öldürülme gibi ani ortaya çıkan kayıplar sonrasında bazı kişiler, ağır travmatik yas durumu yaşayabilirler. Yaşanan ölümler sonrası ortaya çıkan travmatik yas; psikolojik ve bedensel rahatsızlıkların ortaya çıkmasında bir risk faktörü de olmaktadır (Yüksel, 2009).

Freud, "*Yas ve Melankoli*" (1917) adlı makalesinde yaşanan ölümler sonrası gelişen durumlara değinmiştir. Freud'a göre yas sürecinde ego, kaybı yaşanan kişinin artık olmadığına yönelik kararını verir ve bu kişiye atfedilen enerjiyi geri alır. Kişi, yaşanan kayba karşı direnç göstererek bu durumdan vazgeçmeyi istemez. Ancak bu kişiler, ölümün yaşamın bir sonucu olduğu gerçeğinden kaçamayacakları için bunu kabul etmek zorunda kalmaktadırlar. Ego, kaybı yaşanan kişiden aldığı enerjiyi başka birine yüklemek için yeni bir arayışa girer. Eğer bu enerji başka birine yüklenemese ego bu enerjiyi içine geri çekmektedir. Geriye dönen ego, depresyonun bir çeşidi olan melankoliyi ortaya çıkarır. Melankoli yaşanan kayba karşı gösterilen psikolojik bir tepkidir. Bu durum, yoğun kaygı, uyku sorunları, iştahsızlık veya aşırı yeme, sosyalleşme ve değersizlik gibi durumların ortaya çıkmasına yol açar. Kayıp sonrası depresif bir ruh hâlini alan yas durumunda yapılan tek şey, kaybedilenle bağlantılı durumlardır. Kaybedilen kişiye karşı geliştirilen bağı koparmamak için ego, savunma mekanizmaları geliştirmektedir. Bu durum, bazen gerçeklerden uzaklaşmaya neden olmakta ve kaybedilen kişiyle ilgili psikotik bir bağı ortaya çıkarmaktadır. Kaybedilen kişiyle ilgili olan tüm anılar tazelenir. Yani kişiyi yaşama bağlayan ve ona yaşama sevinci veren her şey yitirilmiş olur (Tanoğlu vd. 2014).

Bazı çalışmalara göre panik bozukluk tanısı almış hastalarda, ilk panik atak ortaya çıkmadan önce kayıp ve yas durumlarının olduğu tespit edilmiştir. Bu durum, psikopatolojilerin ortaya çıkmasında yas ve kaybın bir risk faktörü olabileceğini göstermektedir. Aşağıda 30 panik bozukluk tanısı almış hastaya yönelik yapılan bir çalışmaya göre 30 hastadan 11 hastanın kayıp ve yas yaşadığı tespit edilmiştir.

Tablo 4. İlk Panik Öncesi Hastalar Kayıp veya Yas Durumu Yaşandı mı?

	n	%
1. derece yakın kaybı (baba)	3	18,2
2. derece yakın kaybı (babaanne /anneanne/dede)	6	54,5
Dayı vefatı	1	9,1
Hala kızı kaybı	1	9,1
Toplam	11	100

Panik bozukluk tanısı almış 30 hastaya sorulan "Kayıp veya yas durumu yaşadınız mı?" sorusuna verilen cevaplara göre 11 hastanın panik bozukluk öncesi kayıp ve yas durumu yaşadığı ortaya çıkmıştır. Kayıp ve yasın yakınlık derecesi farklı olmasına rağmen psikolojik olarak bu durumdan etkilendikleri ortaya çıkmıştır. 11 hastanın 6'sının dede ve nine kaybından çok etkilendikleri gözlenmiştir. Bu durum, panik bozukluk ortaya çıkmadan önce, 2'inci derece yakın kaybının (dede, nine) etkisinin yüksek olduğunu ortaya çıkarmıştır.

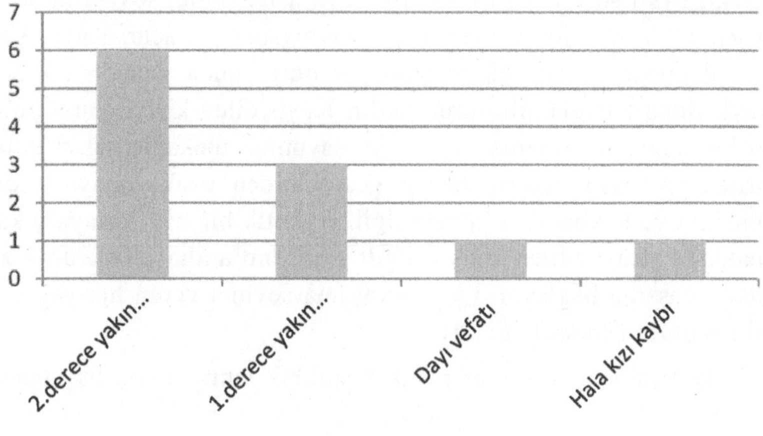

Şekil 3: Kayıp ve Yas Grafiği

Ölüm Korkusu

Yaşam iki temel duygu üzerine inşa edilmiştir. İlk duygu, anne karnından kopma süreciyle başlayan varoluşsal kaygı durumudur. İkinci temel duygu ise ölüm korkusudur. Bu iki temel duygunun bütün kaygı ve korkularımızın kökeninde yer aldığı düşünülebilir.

Ölüm korkusu, kaygı durumunun temel taşıdır. Ölüm korkusu o kadar bize yakındır ki gözlerimizle ona tanık olur, bedenimizle ve ruhumuzla onu tanır, kalbimizin her atışında ona ne kadar yakın olduğumuzu bilir ama ölümü asla kabul etmeyiz. Ve böylece ölüm gerçeğinden kaçmak için yaşam enerjimizi büyük bir bölümünü ölümün inkârı için harcarız (Yalom, 2011, s. 70).

Ölüm korkusuna harcanan yaşam enerjisi, kişilerin ruhsal rahatsızlıklara yakalanmasında bir risk faktörüdür. Özellikle panik bozuklukta var olan ölüm korkusu, bu duruma önemli bir örnek olmaktadır.

Panik bozukluk tanısı almış hastalar üzerine yapılan bazı araştırmalara göre panik bozukluk oluşumunda ölüm korkusunun tek başına bir risk faktörü olamayacağı ve dolayısıyla birçok faktörün bir araya gelmesiyle hastalığın ortaya çıktığı varsayılmaktadır.

Panik bozukluk tanısı almış 30 hastanın 11'inde ilk atak öncesi yaşam olayları içerisinde yer alan ölüm korkusu durumuna ait sonuçlar aşağıda Tablo 5 ve Şekil 4'te yer almaktadır.

Tablo 5. Panik Bozukluk Öncesi Hastalar Ölüm Korkusu Yaşadı mı?

	n	%
Ölüm korkusu	9	81,8
Anne/baba kaybetme korkusu	2	18,2
Toplam	11	100

Panik bozukluk tanısı almış 30 hastadan 11 hastanın ölüm korkusu yaşadığı ortaya çıkmıştır. Ölüm korkusu yaşayan hastaların 9'unun kendi yaşamlarıyla ilgili ölüm korkusu yaşadığı görülürken diğer 2 hastanın ise ebeveyn ölümüne yönelik korku yaşadığı tespit edilmiştir. Yapılan anket çalışması sonucu panik bozukluk tanısı almış hastaların ilk atak öncesi %36,3'ünün kendi yaşamları ve ebeveyn yaşamları hakkında ölüm korkusu yaşadıkları tespit edilmiştir.

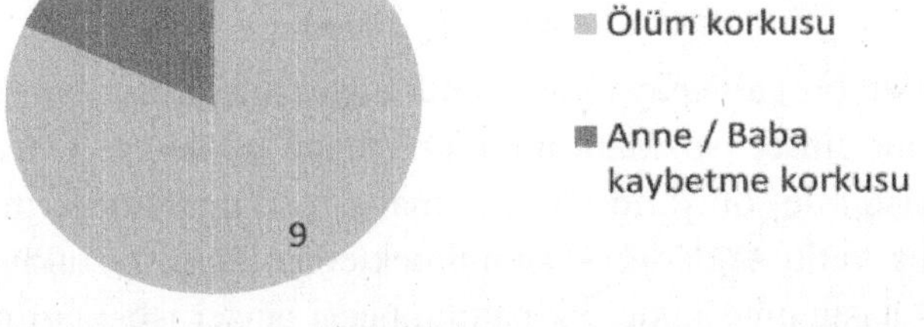

Şekil 4. İlk Panik Atak Öncesi Ölüm Korkusu Grafiği

Panik Bozukluk Tanısı Almış Hastaların Panik Öncesi Ebeveyn Ayrılık Durumu

Daha önceki bölümlerde ayrılık kaygısı (ayrılık anksiyetesi) detaylı bir şekilde ele alındığı için bu bölümde sadece yapılan araştırma sonuçları paylaşılacaktır. Panik bozukluk tanısı almış 30 hastanın 6'sında ilk panik atak öncesi ebeveyn ayrılığı yaşadıkları ve bu ayrılık sonucu psikolojik olarak çok etkilendikleri tespit edilmiştir. Özellikle ayrılık kaygısı yaşayan hastaların ebeveynler arası anne ayrılığının psikolojik etkileri çok daha ağır olduğu tespit edilmiştir.

Tablo 6. Panik Bozukluk Hastaları İlk Panik Öncesi Ebeveyn Ayrılık Durumu Yaşadı mı?

	n	%
Anne-baba şiddeti nedeniyle evi terk etmiş.	1	16,6
Zorunlu olarak anneden ayrı kalmak.	2	33,2
Anneden ve babadan 6 ay ayrı kalmış.	1	16,6
Anne evden ayrılmak istemiş, yoğun ayrılık kaygısı yaşamış.	1	16,6
Anne 6 aylıkken onu terk etmiş.	1	16,6
Toplam	6	100

İlk Panik Öncesi Cinsel İstismar

Cinsel istismar; psikolojik ve sosyal gelişimini tamamlamamış çocukların bir yetişkin tarafından cinsel olarak kullanılması olarak tanımlanabilir. Cinsel istismar cinsel bölgelere dokunma ya da tecavüz etme gibi tüm olumsuz davranışları kapsamaktadır. Çocukların kendi yaşıtları arasında şiddet içermeyen cinsellik, istismar olarak kabul görmemektedir (Sözen, 2014).

Yapılan bir çalışmaya göre panik bozukluk tanısı almış hastaların %8'nin cinsel istismara uğradığı ortaya çıkmıştır. Cinsel istismarın kişilerde oluşturduğu travmalar psikopatolojilerin ortaya çıkmasına katkı sağladığı düşünülmektedir. Panik bozukluk tanısı almış 30 hastanın 4'ünde, ilk panik öncesi cinsel istismarı gösteren sonuçlar Tablo 7 ve Şekil 5'te yer almaktadır.

Tablo 7. İlk Panik Öncesi Hastalar Cinsel İstismara Uğradı mı?

	n	%
Cinsel taciz	1	25
Cinsel istismar	3	75
Toplam	4	100

Panik bozukluk tanısı almış 30 hastadan 4 hastanın cinsel istismar ve cinsel taciz yaşadığı ortaya çıkmıştır. Hastaların 1'inin cinsel taciz, diğer 3'nün ise cinsel istismara maruz kaldığı tespit edilmiştir. Panik bozukluk tanısı almış hastaların, ilk panik öncesi %12'sinin cinsel istismar yaşadıkları ortaya çıkmıştır.

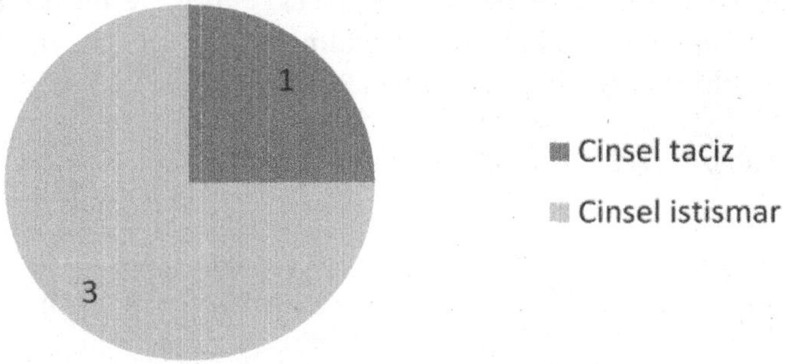

Şekil 5. İlk Panik Öncesi Cinsel İstismar ve Cinsel Taciz Grafiği

İlk Panik Öncesi Evlilik ve İlişki Durumu

Bütün ülkelerde modernleşmeyle beraber boşanma oranlarında büyük bir artış olmuştur. Yaşanan boşanma durumunda ise en çok zarar gören ise çocuklardır. Çocuklar, boşanma öncesi ve boşanma sürecinde eşler arasında ortaya çıkan kavga ve gürültüden olumsuz etkilenmektedirler. Boşanma sonrası ebeveynlerin ayrı yaşaması, çocukların yaşamları üzerinde olumsuz etkilere neden olmaktadır. Bu olumsuz durumlara bağlı olarak gelişen sorunlar, çocukların ruh sağlığını etkilemektedir (Özbey, 2004, s. 159).

Ebeveynler arasında gerçekleşen boşanma sonrasında çocuklarda; karamsarlık, ayrılık kaygısı, gerginlik, öfke ve saldırganlık, kendini değersiz hissetme, okul başarısında olumsuz sonuçlar ortaya çıkmaktadır. Ebeveynler, boşanma sürecinde titiz davransa da bu olumsuz durumdan çocukların etkilenmesini önleyememektedirler.

Ankara Üniversitesi Kriz Merkezine başvuran kişilerin dile getirdiği sorunlara yönelik iki ayrı çalışma yapılmıştır. Yapılan bu çalışmaların sonucunda en çok dile getirilen sorunların; ailevi ve eşlerle ilgili yaşanan ilişki sorunları olduğu tespit edilmiştir (Palabıyıkoğlu ve ark., 1995, Azizoğlu ve Hovardaoğlu, 1995; İlhan ve Sayıl, s. 5).

Boşanma sonrası maddi ve manevi etkilenen eşler, bu durumdan olumsuz etkilenmektedirler. Eşlerde boşanma sonrası kaygı bozukluğu, depresyon gibi birçok ruhsal hastalıklar ortaya çıkabilir.

Panik bozukluk tanısı almış 30 hasta üzerinde yapılan bir çalışmada, 10 hastanın, ilk panik atak öncesi evlilik ve ilişki durumlarında sorunlar yaşadıkları tespit edilmiştir. Bu çalışmaya ait sonuçlar Tablo 8 ve Şekil 6'da yer almaktadır.

Tablo 8. İlk Panik Öncesi Evlilik ve İlişki Durumu Nasıldı?

	n	%
Boşanmış	6	60
Platonik aşk acısı	1	10
Eşi ile sorunlu bir evliliği var.	1	10
Boşanmış ikinci evliliği.	1	10
Aldatılıp terk edilmiş.	1	10
Toplam	10	100

İlk panik atak ortaya çıkmadan önce, hastaların %33'ünün evlilik ve ilişki durumlarında sorunlar olduğu ortaya çıkmıştır. İlişki problemi yaşayan hastaların %60'ının boşanmış, %10'unun boşanmış ama ikinci evliliğini yaptığı, %30'unun ise diğer nedenlerden dolayı olumsuz etkilendiği tespit edilmiştir.

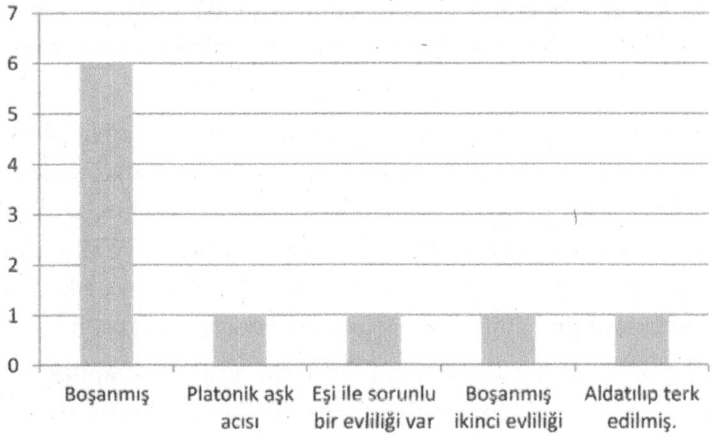

Şekil 6. Panik Bozukluk Evlilik ve İlişki Durumu Grafiği

Hastalık Korkusu (Hipokondriasis)

Hipokondriasis, bedensel bir nedenle açıklanamayan ve bireyin ciddi bir hastalığı olduğuna yönelik inancıyla seyreden psikolojik bir rahatsızlıktır. Doktorlar tarafından yapılan tahlil ve değerlendirme sonucunda hastaya konu ile ilgili güvenilir bilgi verilmesine rağmen bu düşünceler devam etmektedir. Doktorların bu güven verici bilgileriyle tatmin olmayan hastalar, başka doktorlara başvurmakta ve farklı bir yakınmayla yeniden başka tahliller yapılmasını istemektedirler. Hipokondriasis hastalar, sürekli dikkatini bedenine yöneltir ve kalp atışlarını kontrol etmek için nabzını sayarlar. Bu kontroller sonucunda bedensel herhangi bir değişim anında hemen kaygılanırlar. Böylece felaketleştirme senaryosu sonucu bir kısır döngü içinde hasta, kendi bedeninde hastalık belirtisi aramaya başlamaktadır.

Hipokondriasistler, sürekli doktorların yanında olmak isterler. Hastalıklarla ilgili sürekli incelemeler yaparak buna yönelik kitaplar okurlar. Kendi yaşamlarında bedenleri dışında olan konulara ilgileri azalır; işlerine, ailelerine, çocuklarına yeterince ilgi gösteremez bir duruma gelirler. Ayrıca hastalıklarla ilgili uğraşları sonucu, kendi ailelerinin yaşam kalitelerini de olumsuz etkilerler. Bazen doktorların verdiği ilaçların yan etkilerinden yakınırlar. Ellerinde sürekli ilaç poşetleri ve reçeteler vardır.

Panik bozukluk tanısı almış hastalara yönelik yapılan çalışmalara göre kişilerin hastalıklarla ilgili kaygı ve korku yaşadıkları ortaya çıkmıştır. İlk panik atak öncesi hastaların sağlıklarıyla ilgili endişeli oldukları tespit edilmiştir. Hastaların kaygı ve stres durumlarında ortaya çıkan artış bedensel tepkilere yol açmakta ve bu durum hastaların panik atak geçirmesine neden olmaktadır.

Panik bozukluk tanısı almış 30 hasta üzerinde yapılan bir çalışmaya göre panik bozukluk tanısı almış hastaların, ilk panik atak öncesi önemli bir hastalığa yakalandıklarına dair korku ve kaygı yaşadıkları tespit edilmiştir. Bu çalışmanın sonuçları Tablo 9 ve Şekil 7'de yer almaktadır.

Tablo 9. İlk Panik Öncesi Herhangi Bir Hastalık Korkusu Oldu mu?

	n	%
Fiziksel engelli sürekli ameliyat durumu	1	11,1
Hastalık tüberküloz	1	11,1
Hastalık korkusu var.	7	77,7
Toplam	9	100

Panik bozukluk tanısı almış 30 hastaya yönelik yapılan bir çalışmaya göre ilk panik atak öncesi hastaların %30'unda ölüm korkusu olduğu tespit edilmiştir. Panik öncesi ölüm korkusu yaşayan hastaların %11,1'inin fiziksel bir hastalık taşıdığı ve hastalıklara karşı korku geliştirdiği, %11,1'inin tüberküloz olma korkusu yaşadığı, diğer %77,7'sinin ise genel hasta olma korkusu yaşadığı ortaya çıkmıştır.

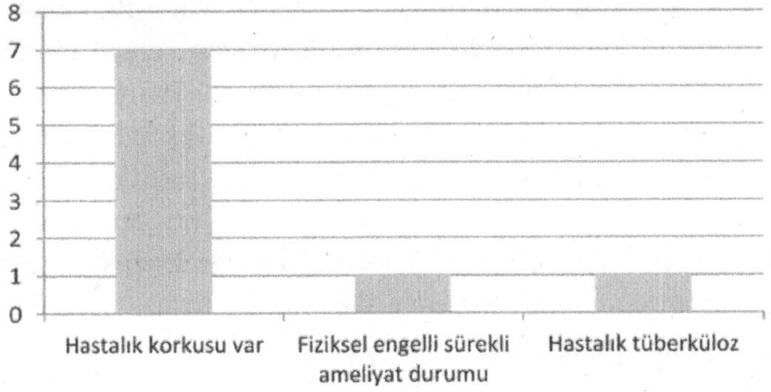

Şekil 7. İlk Panik Atak Öncesi Hastalığa Yakalanma Korku Grafiği

Aşağılanma

Aşağılama ya da küçümseme; bir bireyin, başka bir bireyi, kendinden daha az özelliğe sahip olduğunu düşündüğü ya da bedensel veya ruhsal bir hastalığı nedeniyle sözlü veya sözsüz olarak olumsuz etkilemesidir. Ayrıca aşağılanma ve küçümseme; bireyin maruz kaldığı davranışlar nedeniyle olumsuz duyguların ortaya çıktığı bir durum olarak da tanımlanabilir.

Freud'un yaşamın erken dönemlerinde ruhsal yapının oluştuğuna yönelik görüşlerinden hareketle yaşamın erken dönemlerinde yaşanan aşağılanma duygusunun, çocukların ruhsal ve bedensel gelişimini olumsuz etkilediği öne sürülebilir. Bu dönemlerde kendini küçümsenmiş veya aşağılanmış hisseden çocuk, gerçekten kendini eksik ve niteliksiz biri olarak hissetmeye başlayabilir. Bu olumsuz duygular nedeniyle çocuklar, kendilerinde bedensel ve ruhsal olumsuz belirti aramaya başlayabilir. Bu duygular, kişilerin daha sonraki yaşam dönemlerinde psikolojik rahatsızlıklara yakalanmasına zemin hazırlayabilir. Çocuklara yönelik aşağılanma ve küçümseme durumu; depresyon, panik bozukluk veya diğer psikolojik rahatsızlıklara neden olabilir. Bu duruma depresyonda bulunan, kendini aşağılama ve beğenmeme duyguları örnek olarak gösterilebilir. Özellikle panik bozukluk tanısı almış hastaların kendinde bir hastalık olduğuna yönelik düşüncesi, erken yaşam döneminde olan aşağılanma duygusunun bir sonucu olabilir.

Panik bozukluk tanısı almış 30 hastadan 5'nin ilk panik öncesi aşağılanma durumu yaşadığı ve bu durumdan ruhsal olarak etkilendikleri tespit edilmiştir. Aşağılanma duygusunun daha çok çocukluk döneminde etkisi olduğu görülmüştür. Aşağılanma duygusu yaşayan hastaların %40'nın bitli diye aşağılandığı, %60'nın ise genel anlamda aşağılanma duygusu yaşadıkları ortaya çıkmıştır. Panik bozukluk tanısı almış hastaların, ilk panik atak öncesi yaşadıkları aşağılanma duygularına yönelik sonuçlar, aşağıda Tablo 10'da yer almaktadır.

Tablo 10. İlk Panik Atak Öncesi Aşağılanma Duygusu Yaşadınız mı?

	n	%
Bitli diye aşağılanmış	2	40
Aşağılanma	3	60
Toplam	5	100

Okul Dönemi

Bu bölümde anlatılan okul dönemi, 6-12 yaş arası olan dönemi kapsamaktadır. Okul öncesi dönemle başlayan ve son çocukluk denen bu dönemin ortak özelliği, çocukların hayal gücü yerine somut kavramlara sahip olmasıdır. Bu somut kavramlara sahip olan çocuklar, gerçekleri algılama ve görmeye başlamaktadırlar.

Bu dönemle birlikte yeni bir sosyal çevre, öğretmen ve arkadaş ilişkileri gelişir. Dolayısıyla dış dünyaya açılan çocuklar, bazı toplumsal kuralları öğrenmeye ve bunları uygulamaya başlarlar. Bu döneme özgü ortaya çıkan öğretmen ve arkadaş ilişkileri önem kazanmaya başlar.

Erken başlayan okul döneminde çocukların dış dünya ile kurduğu iletişimin, onların sosyalleşme sürecine önemli katkıları olmaktadır. Bu döneme özgü çocukların öğretmen ve arkadaşlarına yönelik olumsuz ilişkileri gelişirse çocuklarda sosyalleşme olumsuz etkilenmektedir. Bu olumsuz etkilenmeyle beraber çocuklar, iç dünyalarına kapanmaya başlayarak olumsuz davranışlarda bulunurlar. Özellikle bu dönemde öğretmenler tarafından şiddete maruz kalan çocuklar, bu dönemi olumsuz bir süreç olarak deneyimlemektedirler. Bu dönemin olumsuz deneyimleri, çocukların okul yaşamını bitirebilir. Bu dönemi kendi doğallığı içinde normal bir süreç olarak atlatamayan çocuklar, birçok ruhsal hastalığın oluşumuna yatkın hâle gelebilir. Bu hastalıklardan bir tanesinin ise panik bozukluk olduğu öne sürülebilir.

Bölüm Özeti

Panik bozukluk üzerine yapılan etiyolojik çalışmaların önemi giderek artmaktadır. Hastalığın oluşumunda birçok faktörün rol oynadığı artık kabul edilmektedir. Bu faktörler arasında en önemlisi ise stresli yaşam olaylarıdır. Panik bozukluğun genetik ve stresli yaşam olaylarının etkileşimi sonucu ortaya çıktığı varsayılabilir. Bu duruma topraktaki tohumun su ve güneş sonrası yeşermesi bir örnek olabilir.

Panik bozukluğun ortaya çıkmasında etkili olan stresli yaşam olayları, yapılan birçok çalışmanın sonuçlarıyla desteklenmektedir.

Hastalığın daha önceki yüzyıllarda neden ortaya çıkmadığı ve neden bu yüzyılımıza özgü bir rahatsızlık olduğu sorusuna stresli yaşam olayları bir cevap olabilir. Çünkü teknolojik gelişim, kentleşme ve doğadan kopuş yeni bir çağı yani "Kaygı Çağı"nı ortaya çıkarmıştır. Bu çağda insan beyni ve bedeni birçok olumsuz uyarana maruz kalmaktadır. Böylece yüzyılımızın bize armağanı, bu çağa özgü olan yoğun bir kaygı durumu olmuştur.

Panik bozukluk tanısı almış hastaların; %23'ünün bazı travmalardan ruhsal olarak etkilendikleri tespit edilmiştir. Bu travmalar; aile içi şiddet, kayıp ve yas, ölüm kokusu, cinsel istismar ve cinsel saldırı, ilişki durumu, cinayete tanıklık, deprem, erken hamilelik, uçakta yangın, hastalıktan korkma, aşağılanma duygusu, erken okul dönemi, ebeveyn ayrılık korkusu olarak sıralanabilir.

Tweed ve arkadaşlarının 1989 yılında yaptıkları bir çalışmaya göre 10 yaşından önce ebeveyn kaybı yaşayan ya da ebeveynden ayrı kalmaları, kişilerde panik bozukluğunun oluşumuna katkı sağladığı ortaya çıkmıştır (Manfro et al., 1996, s. 135; Noyes et al., 1990, s. 809; Freidman et al., 1994, s. 798-803). Diğer bazı çalışmalara göre ise çocukluk döneminde kayıp ve yas ayrılık kaygısı gibi travmatik yaşam olaylarının sağlıklı kişilere göre agorafobili panik bozukluk hastalarında daha sık yaşandığı tespit edilmiştir (Tükel, 2009, s. 64). Panik bozukluk üzerine yapılan bir araştırmaya göre hastaların ilk panik atak öncesi %17'sinde yakın bir kişinin kaybı, %14'ünde sevilen bir kişiden ayrılma olduğu ortaya çıkmıştır (Tükel, 1992). Bir çalışmaya göre ise hastaların ilk panik atak öncesi %36,3'nün yakın bir kişinin ölümünden ruhsal olarak etkilendiği ortaya çıkmıştır. Sonuç olarak kontrol edilemeyen bu yaşam olayları, bireylerin daha sonraki yaşam dönemlerinde panik bozukluğun psikolojik ve norobiyolojik temelleri olabileceği varsayılabilir (Sevinçok ve Akoğlu, 2001, s. 215-227)

DÖRDÜNCÜ BÖLÜM

PANİK BOZUKLUK TEDAVİSİ

Panik bozukluk tanısı almış hastalar, bir psikiyatri servisine başvurmadan önce genellikle farklı bölümlere başvurmakta ve bu durumdan dolayı hastalığın anlaşılması ve hemen tedaviye başlanması gecikmektedir.

Panik bozukluk, günümüzde tedavisi çok kolay yapılabilen psikiyatrik bir rahatsızlıktır. Bu tedavi, uzman bir hekimin takibi ve hastanın tedavi sürecine uyumuyla birlikte iyileşme sağlanana kadar sürmektedir. Günümüzde panik bozukluk tedavisine yönelik yapılan çalışmalara göre en etkili tedavi yönteminin ilaç + psikoterapi olduğu tespit edilmiştir.

Panik bozukluk tanısı almış hastaların tedavisinde kullanılan ilaçlar, özellikle beyinde yer alan serotonin (5-HT ya da 5-hidroksitriptamin) seviyesinde meydana gelen eksikliği eski hâline getirerek mutluluk, canlılık ve zindelik hissi vermektedir. Psikoterapi ise hastanın korku ve kaygılarıyla baş edebilme becerileri kazanmasına ve bilişsel çarpıtmaların farkındalığına varmasını sağlamaktadır (Türkçapar, 2012).

Panik bozukluk tanısı almış hastaların yaşadıkları ataklarda bedensel belirtiler, agorafobi (kaçınma davranışları) hastanın yaşam kalitesine olumsuz etkilemektedir. Bundan dolayı hemen tedaviye başlanması gerekir. Aşağıda panik bozuklukta uygulanan tedavi yöntemleri yer almaktadır.

İlaç Tedavisi

Panik bozukluk tedavisinde kullanılan ilaçlar; depresyon, obsesif-kompulsif gibi diğer hastalıklarda da kullanılan antidepresan ilaçlardır. Antidepresan ilaçlar; merkezî sinir sistemi üzerinde etkisi olan ve hastalık nedeniyle bozulan işlevselliği düzelterek dış dünyayla yaşanan uyum sorunlarını düzeltmektedir. Bu ilaçlar, hastalarda yeni davranışlara yol açmayıp hastalarda ortaya çıkan davranış sorunlarına çözüm olmaktadır (Köknel, 2007, s. 65).

Panik bozukluk tanısı almış hastaların ilaç kullanım süresi bir uzman hekimin gözetiminde iyileşme ortaya çıkana kadar sürmektedir. Bu tedavi süresi 6 ile 12 ay sürmekte bazen de bu süre uzamaktadır. Hatta bazı çalışmalar panik bozukluğun süreğen olduğunu göstermektedir. Bu çalışmalar, panik bozukluk tanısı almış hastaların %30 ile %90 arası değişen bir oranda tedavi sonlandırıldığında hastalığın tekrarlandığını bildirmektedir. Bundan dolayı tedavi sonrası tekrarlamalar olabileceği ve uzun yıllar tedavinin sürebileceği unutulmamalıdır (Kaplan and Sadock, s. 220-221).

Panik bozuklukta uygulanan tedavi yöntemi, hastanın tedaviye uyumunu sağlamaya yönelik olmalıdır. Ayrıca hastalara ilaçların önemi ve anksiyetenin norobiyolojisi çok iyi anlatılmalıdır. Çünkü günümüzde psikiyatri ilaçlarına yönelik toplumda var olan ön yargılar ilaç tedavisini olumsuz yönde etkilemektedir. Bazı hastalar bilinçsizce ilaçları bırakmakta ve bilimsel olmayan tedavi yöntemlerine yönelebilmektedirler. Aşağıda, Prof. Dr. Hakan Türkçapar'a göre kaygı bozuklukları tedavisinde kullanılan ilaçların etkisine yönelik bir şekil yer almaktadır.

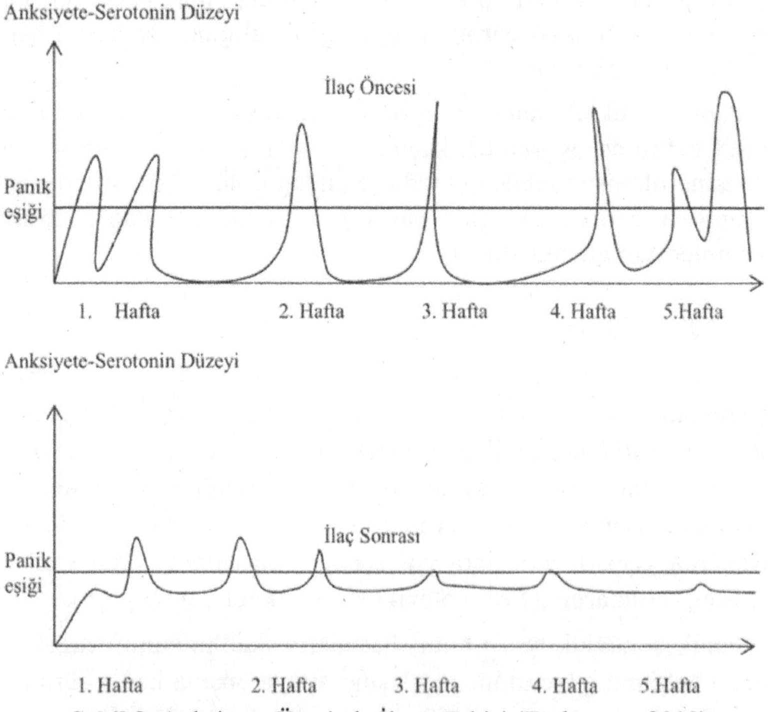

Şekil 8. Anksiyete Üzerinde İlacın Etkisi (Türkçapar, 2010).

Antidepresanlar

Antidepresanlar, çok uzun yıllardır diğer psikiyatrik rahatsızlıkların tedavisinde de kullanılmaktadır. Bu ilaçları panik bozukluk tanısı almış hastalar da güvenle kullanmaktadırlar. Ayrıca bu ilaçlar, panik bozukluk tanısı almış hastalarda depresyon belirtileri olsun ya da olmasın kaygı bozuklukları tedavisinde istenilen iyileşmeyi sağlamaktadır (Köroğlu, 2006, s. 117).

Kaygı Giderici İlaçlar

Kaygı bozukluklarında verilen kısa süreli kaygı giderici ilaçlar benzodiazepin grubu ilaçlardır. Benzodiazepinlerin panik bozukluğu belirtilerini kontrol etmekte etkili oldukları bilinmektedir. Panik bozukluğu belirtilerini kısa sürede kontrol ederek etkili olan benzodiazepinler alprazolam ve klonazepam olduğu birçok çalışmayla ortaya çıkmıştır (Alkın, 2002, s. 25). Ülkemizde sıklıkla panik bozukluk belirtileri üzerinde etkili olan ilaçlar; alprazolama (xanax), diazepam (diazem), klonazepam (rivotril) ve klonazepamın gibi ilaçlardır (Köroğlu, 2006, s. 120).

Diğer İlaçlar

Panik bozukluk tanısı almış hastaların tedavisinde yardımcı ilaç olarak kullanılan; beta brokerler, kalsiyum kanal blokerleri ve buspiron gibi ilaçların tedavi üzerindeki başarısı bu alana yönelik yapılan çalışmaların yetersiz olmasından dolayı bir sonuca varılamamıştır (APA, 1998). Bu nedenle panik bozukluk tedavisinde bu ilaçlar birinci basamak tedavi olarak kullanılmamaktadır (Alkın, 2002, s. 26). Genelde bu ilaçlar yardımcı ilaç olarak kullanılmaktadır.

Diğer Alternatif Tedaviler

Panik bozukluk tanısı almış hastaların tedavisinde ilaç + psikoterapi harici bazı alternatif tedaviler de ek olarak uygulanmaktadır. Bu tedaviler bazen her hastaya uygun olmayabilir. Alternatif tedaviler şunlardır: akupunktur, EFT, TMS, yoga-meditasyon, NLP (Kaya, 2010, s. 171-176).

Panik Bozukluk Tedavisine Yönelik Son Gelişmeler

Son yirmi yıldır yürütülen çalışmalar, panik bozukluk tedavisinde önemli gelişmelerin yaşanmasına neden olmuştur. Günümüzde etkinliği bilimsel çalışmalarla kanıtlanmış iki tür tedavi söz konusudur. Bu tedavi yöntemleri;

1. İlaç tedavisi,
2. Psikoterapidir.

Panik bozukluk tanısı almış hastaların tedavisindeki başarı, verilen ilaçlara ek olarak uygulanabilecek psikoterapiye bağlıdır. Panik bozukluk tedavisinde psikoterapinin önemi nedeniyle psikoterapi bir sonraki bölümde daha detaylı bir şekilde ele alınacaktır.

Bölüm Özeti
Panik bozukluk, tedavisi mümkün psikolojik bir hastalıktır. Son dönemlerde yürütülen çalışmalar, panik bozukluğun tedavisine yönelik önemli katkılar sağlamıştır.
Panik bozuklukta ilaç tedavisiyle beraber uygulanan bilişsel-davranışçı psikoterapi tedavide başarı oranını artırmaktadır. Böylece tedavide %80'lere varan bir başarı elde edilmektedir. Panik bozuklukta büyük bir oranda iyileşme sağlansa da hastalığın tekrar edebileceği, dolayısıyla çoğu hastada tam bir düzelme olmadığı klinik verilerle kanıtlanmıştır. Bundan dolayı panik bozukluğu olan hastaların tedavi süreci hakkında farkındalıklarının sağlanması tedaviye uyum açısından zorunludur. Tedaviye yönelik verilen ilaçların vücuttaki etkisinin 3'üncü haftadan sonra başladığı bilgisinin hastalara bildirilmesi, tedavi sürecini olumlu etkilemektedir. Bilişsel davranışçı psikoterapide temel amaç, kaçınma davranışlarının önlenmesi, belirtilerle yüzleşilmesi, bilişsel çarpıtmaların düzeltilmesine dayanmaktadır.
Panik bozukluk tedavisinde, ilaç kullanım sonrası, hekimin zorunlu koşullar itibariyle psikoterapi uygulayamaması durumunda hastayı bu alanda uzman bir terapistte yönlendirmesi gerekir (Berksun, 2012, s. 54).

BEŞİNCİ BÖLÜM

PSİKOTERAPİ

Psikoterapi Tanımı

Psikoterapi, kısaca psikolojik rahatsızlıkları ruhsal yolla tedavi etme yöntemi olarak tanımlanabilir. Psikoterapi kelimesi İngilizcede "psychotherapy" olarak geçmektedir. Buradaki "psycho" kelimesi "psyche' anlamına gelmekte; can ve ruh anlamında kullanılmaktadır. Terapi ise "Therapy" bir rahatsızlığın tedavi edilmesidir. Bu iki kelimenin birleşmesi sonucunda ortaya çıkan psikoterapi kavramı ruhsal tedavi anlamına gelmektedir. Psikoterapide ilaç ve cerrahi yöntemler dışında psikolojik yöntemler kullanılmaktadır (Özakkaş, 2011).

Psikoterapi, geniş anlamıyla düşünce, duygu ve davranışlar üzerinde danışanların farkındalığının sağlanması sonucu ortaya çıkan bir ruhsal iyileşme sürecidir. Psikoterapi sürecinde hastaları değişime inandırma ve bu konuda onları ikna etmek için danışmanlık, eğitim ve kişiye farkındalık sağlama, davranışları değiştirme çabası psikoterapinin kapsamına girmektedir. Hastanın kendisini rahatlatmak için yaptığı bir dua, ilkel yöntemler veya törenler de psikoterapi sayılabilir. Ancak psikoterapi kavramı, bilimsel ve çağdaş tıp ve psikoloji bilimi dâhilinde ruhsal rahatsızlıkların iyileşmesi için hastalarla kurulan olumlu ilişkiler sonucunda yapılan bir tedavi yöntemidir (Öztürk, 2008).

Psikoterapinin Amaçları

Psikoterapi, kişilerin yaşamsal işlevselliklerinde veya benliği ile çelişki yaşadığı herhangi bir durumuna çözüm arayan en önemli tedavi yöntemlerinden biridir. Ruhsal anlamda sorun yaşayan bireylerin bilişsel süreçlerini, içsel ve dışsal değerlendirme biçimini, hayata bakışını ve onunla mücadele etme yöntemleri konusunda onlara destek olmayı amaçlayan bir tedavi yöntemidir.

Psikoterapi, bireyin iç ve dış sorunlarının çözümü için onları değişime yönelten ve aynı zamanda hastanın bütünlüğünü ve yetkinliğini artırarak olumlu değişimin ortaya çıkmasını amaçlamaktadır.

Psikoterapinin klinik ve dinamik amaçlarını birbirinden ayrı ele almak gerekir. Klinik amaçlar, hastaların yaşadığı işlevsel sorunlarına çözüm bulmaktır. "Dinamik amaçlar ise hastanın işlevlerinin değişik alanları üzerinde geniş bir etkisi olan değişimleri azaltmayı ifade eder. Her iki amaç da kuşkusuz birbirini tamamlamaktadır" (Sullivan, 2002).

Psikoterapi Türleri

Psikoterapist açısından bakıldığında, psikoterapi çok çeşitli şekilde sınıflandırılabilir. Psikoterapist, hastaya yaklaşım tarzına ve tutumuna göre hastayı anlamayı, ona rehberlik etmeyi, ona destek olmayı, sorunlarına yoğunlaşmayı veya derinliğine bir araştırma yapılmasına yönelik bir psikoterapi yöntemi seçmektedir (Özakkaş, 2011). Aşağıda bazı psikoterapi çeşitleri yer almaktadır.

Psikoterapistin Hastaya Yaklaşım Biçimi ve Tutumuna Göre Psikoterapiler

1. Bastırıcı yöntemler
2. Destekleyici yöntemler
3. Derinliğine araştırıcı yöntemler

Ruhsal Rahatsızlık Anlayışı ve Kuramsal Ortaya Çıkış Noktasına Göre Psikoterapiler

1. Psikodinamik kurama dayanan psikoterapiler:
   a) Freud'un geliştirdiği psikanaliz ve bunun değiştirilmiş, uyarlanmış biçimleri,
   b) Freud'dan yöntemce büyük ayrılma göstermeyen fakat kuramsal açıdan ayrılıkları olan yeni analiz okulları,
   c) Psikanalitik nesne ilişkileri kuramı,
   d) Psikanalitik ego psikolojisi.
2. Öğrenme kuramına dayanan davranışçı psikoterapi türleri:
   a) Alıştırma,
   b) İtici koşullanma,
   c) Olumlu pekiştirme ve söndürme.

3. Bilişsel davranışçı kurama dayanan psikoterapiler:
   a) Bilişsel-davranışsal yöntemler.
4. Varoluşçu kurama dayananlar psikoterapi.

Tedavi Durumuna Yapısına ve Biçimine Dayanan Psikoterapiler

1. Bireysel psikoterapi
2. Grup terapisi
3. Psikodrama
4. Oyun terapisi
5. Aile terapisi

Yukarda yer aldığı gibi birçok psikoterapi türü olmasına rağmen günümüzde en çok bilinen ve en çok uygulanan psikoterapiler şunlardır:

1. Psikanalitik psikoterapi
2. Davranışçı psikoterapi
3. Bilişsel psikoterapi
4. Varoluşçu psikoterapi

Psikanalitik Psikoterapi

Psikanalitik psikoterapi, Sigmund Freud'un teorisine dayanmaktadır. Bu psikoterapinin ana amacı, çocukluk dönemi sorunları ve bilinç dışı çatışmalar hakkında hastaya iç görü kazandırarak yeni davranış kalıplarının gelişmesini sağlamaktır (Kaplan HI, Sadock BJ, 1998).

İç görü kazanan birey benliğin değişimi için harekete geçecektir. Psikanalitik yönelimli psikoterapi; psikonevrozlar, kişilik bozuklukları, cinsel sorunlar ve psikosomatik hastalıkların tedavisinde uygulanmaktadır. Bu terapi yöntemi; şizofreni ve psikoza yatkınlık gösteren hastalarda uygulanmaz. Çünkü bu hastalarda iç görü söz konusu değildir (Öztürk, 2008). Ayrıca psikanalitik psikoterapi, panik bozukluk tedavisinde çok nadir kullanılan bir yöntemdir.

Davranışçı Psikoterapi

Davranışçı psikoterapi, davranışçı ekolün öncülerinden biri olan Pavlov'un hayvanlar üzerinde yapmış olduğu deneyi ve koşullu şartlanmayı temel alan bir psikoterapi yöntemidir (Özakkaş, 2011). Davranışçı psikoterapi yaklaşımı, sorun teşkil eden davranışlara odaklanmaktadır. Davranışçı terapistler, izledikleri tedavi yöntemlerini öğrenme kuramı içinde gelişen kavram ve süreçlerle sağlamaya çalışmaktadırlar. Davranışçı terapistlerin en çok uyguladığı terapi, "teknikleri sistematik duyarsızlaştırma, kendine güvenli davranma eğitimi, model göstererek öğretme ve itici uyarıcılarla koşullanmadır" (Cüceloğlu, 2010).

Bilişsel Psikoterapi

ABD'de Beck tarafından 1960'lı yıllarda duygu durum bozukluklarının tedavisinde kullanılmaya başlanan bilişsel terapi, kısa sürede bu alanda etkinlik gösteren bir psikoterapi yöntemidir. Beck'e göre insanın duygu ve davranışları; karşılaştığı sözel ve imgesel olay veya durumlara karşı oluşturduğu düşünce, algılama, tanıma ve yorumlama biçimine bağlıdır (Öztürk, 2008). Bu terapi yöntemi, bireylerin duygu ve davranışlarının düşünceler sonucu ortaya çıktığı yaklaşımından hareket etmektedir. Bundan dolayı bilişsel psikoterapi düşüncelere odaklanan bir yaklaşımdır.

Bilişsel Davranışçı Psikoterapi

ABD'li bir psikolog olan Albert Ellis, 1950'lerin ortalarında geliştirilen Rasyonel Duygu Terapisinin kurucusudur. Bilişsel davranışçı psikoterapinin dedesi olarak kabul edilen Ellis, bu terapi yaklaşımını psikanalitik terapiye bir tepki olarak geliştirmiştir. Ellis, bireyin iç dünyasıyla ilgili düşüncelerinin, onun kendisini nasıl hissedeceğini ve nasıl davranacağını önemli ölçüde etkilediğini öne sürmüştür. Ayrıca bu yaklaşım, bu terapi yöntemini kullanan tüm psikologlarca kabul edilmektedir (Cüceloğlu, 2010).

Bilişsel davranışçı psikoterapinin temeli olan; algı, anlamlandırma, yorumlama ve düşünce insana özgü bilişsel süreçlerdir. Bu psikoterapi yönteminin savunduğu bilişsel süreçlerle ilgili tarihte birçok filozof benzer görüşleri öne sürmüştür.

Günümüzde psikoterapi alanında kısa sürede sağlanan başarı nedeniyle bilişsel davranışçı psikoterapi hızlıca yayılmıştır. Bu psikoterapi yönteminin başarısı, bireyin bilişsel süreçleri ve davranışlarının karşılıklı bir etkileşim içinde bireyin ruhsal yaşamını etkilediği tezine dayanmaktadır. Bundan dolayı bu terapi yönteminin ana çalışma alanı, bireyin düşünce ve davranışlarıdır. Bilimsel çalışmalar da düşünce ve davranışların psikopatolojilerin tedavisinde en etkili yöntemlerden biri olduğunu ortaya koymaktadır. Bu çalışmalar aynı zamanda kanıta dayalı psikoterapi yaklaşımının bilimsel kanıtıdır (Türkçapar ve ark., 2009).

Bilişsel davranışçı psikoterapi, panik bozukluk ve diğer anksiyete bozukluklarında en etkili psikoterapi yöntemidir. Hastanın durumuna göre en az sekiz seans sürmektedir. Bu terapi yönteminde kullanılan bazı yöntemler şunlardır (Köroğlu, 2006):

1. Eğitim,
2. Bilişsel yeniden yapılandırma,
3. Korkulan durumlarla karşılaştırma,
4. Nefes eğitimi.

Varoluşçu Psikoterapi

Varoluşçu psikoterapi, bireyin varlığından kaynaklanan kaygılara odaklanan dinamik bir terapidir (Yalom, 1999). İnsanın varoluşunun nedenlerini sorgulayan ve buna bir cevap bulunamayan sorularla bağlantılı olarak insanın kriz yaşadığını savunan bir psikoterapi yaklaşımıdır (Özakkaş, 2011).

Varoluşçu hümanist yaklaşım Rogers'ın danışan merkezli olan terapisinde kendini göstermektedir. Bu yaklaşım, insanoğlunun en güvende olduğu yer olan anne karnından kopmasından itibaren kendini gerçekleştirme eğilimiyle dünyaya geldiğini ve yetişme anında kendini gerçekleştirme eğiliminin engellendiğini kabul etmektedir. Terapistin bireye göstereceği koşulsuz olumlu kabullenme bireyin kendini gerçekleştirmesine katkı sağlamaktadır. Güvenli ve olumlu bir çevrede yetişen bir bireyin biyolojik ihtiyaçlar hariç hiçbir şeye ihtiyacı yoktur. Bu çevrede yetişen birey, çocukluk döneminde kendisine öğretilen olumsuz benliği değiştirerek onun yerine daha olumlu bir benliğe sahip olur. Bu olumlu benlik ise bireyin içsel ve dışsal uyumunu sağlayarak kendini olduğu gibi kabul etmesine katkı sağlar. Birey, bu zemin üzerine olumlu ilişkiler geliştirerek bireysel ve toplumsal bir denge içinde kendini gerçekleştirir (Cüceloğlu, 2010).

Panik Bozukluk Tedavisinde Psikoterapinin Önemi Nedir?

Panik bozukluk tedavisinde, psikoterapinin önemi şu şekilde ifade edilebilir: Beyninizi bir bilgisayar olarak düşünün ve bu bilgisayarı kullanmak için bir klavyeye ihtiyaç vardır. Klavyede hangi tuşa basılırsa bilgisayar o işlemi yapacaktır. Bu benzerlikten yola çıkılarak psikoterapi, klavyedeki panik tuşunun önemini hastaya öğreterek bu tuşun beyin üzerindeki etkisini fark etmesini sağlar. Ayrıca panik bozukluk tedavisinde uygulanan psikoterapi, klavyede yer alan panik tuşuna basılarak yanlış yapılan işlemin sonuçları olan; olumsuz düşünce, duygu ve davranışları düzeltmeyi amaçlar. İnsan beyni bir bilgisayara benzetilirse psikoterapi; bilgisayarı resetler, klavyedeki tuşları doğru kullanmayı öğretmeyi amaçlar (Barniç, 2013).

Şekil 9. Bilgisayar Beyin ve Klavye İlişkisi

Panik Bozukluk ve Psikoterapi

"Panik Bozukluk Tedavisi ve Psikoterapi Uygulanma Oranının İncelenmesi" adlı bir tez çalışmasında, panik bozukluk tedavisi almış veya almakta olan hastaların tedavisinde yeterli düzeyde psikoterapi uygulanmadığı ve hastaların psikoterapiye yönlendirilmediği tespit edilmiştir. Bu çalışma, 2012 tarihinde hastanelerin psikiyatri kliniklerine müracaat edilerek ruh sağlığı uzmanlarından elde edilmiştir. Ayrıca bu veriler, bu hastanelerin psikiyatri kliniklerine başvuran panik bozukluk tanısı alan hastalar ve daha önce farklı hastanelerde panik bozukluk tedavisi gören hastalarla yapılan görüşmeler sonucunda elde edilmiştir. Aşağıda panik bozuklukla ilgili bazı sorular yer almaktadır (Barniç, 2013):

1. Panik bozuklukta tedavi yaklaşımı nedir?
2. Panik bozuklukta psikoterapi önemli bir tedavi yaklaşımı mıdır?
3. Panik bozuklukta hastaların psikoterapiye yönlendirilme oranı nedir?
4. Panik bozuklukta psikoterapi uygulanmıyorsa nedeni nedir?
5. Panik bozukluk tedavisinde psikoterapisiz bir yaklaşım tam bir iyileşme sağlıyor mu?
6. Panik bozukluk tedavisine en uygun psikoterapi yöntemi hangisidir?
7. Panik bozukluk hastaları psikoterapi hakkında ne kadar bilgi sahibidir?
8. Hastalar neden sadece ilaç tedavisi görmektedir?
9. Sağlık kurumlarında panik bozukluk hastaları hangi oranda psikoterapi görmektedir?
10. Hastalara hangi oranda ilaç ve psikoterapi birlikte uygulanmaktadır?

Panik Bozukluk Tanısı Almış Hastaların Tedavilerine Yönelik Psikiyatrik Yaklaşım

Bir çalışmada, bazı psikiyatri servislerinin panik bozukluk tanısı almış hastalara yönelik uyguladığı tedavi yaklaşımında yetersizlikler olduğu tespit edilmiştir. Buna göre panik bozukluk hastalarının %89,7'si ilaç tedavisi, %6,9'u ilaç + psikoterapi, %3,4 alternatif tedavi gördükleri ve bu sonuçlara göre ilaç tedavisinin uygulanma oranının çok yüksek olduğu ortaya çıkmıştır. Bu çalışmada, panik bozukluk tanısı almış hastaların tedavisinde psikoterapinin yok denecek kadar az uygulandığı dikkatleri çekmektedir. Aşağıda uzman psikiyatrilerin panik bozukluk tanısı almış hastalara yönelik uyguladığı tedavi yöntemlerinin sonuçları yer almaktadır.

Tablo 11. Panik Bozukluk Tedavisinde Psikiyatri Tedavi Yaklaşımı

	N	%
İlaç	26	89,7
İlaç ve psikoterapi	2	6,9
Alternatif tedaviler	1	3,4
Toplam	**29**	**100**

Psikiyatri Uzmanlarının Panik Bozukluk Tedavisinde Psikoterapi Yaklaşımına Verdiği Önem

Psikiyatri uzmanlarının panik bozukluk tedavisinde ilaç + psikoterapi yönteminin önemine dair verdiği puanlama %100 olarak tespit edilmiştir. Psikiyatrilerin panik bozukluk tanısı almış hastalara uyguladıkları tedavide psikoterapiye verdikleri önemi gösteren tablo aşağıda yer almaktadır.

Tablo 12. Panik Bozukluk Tedavisinde İlaç + Psikoterapi Yaklaşımının Önemi

	N	%
Panik bozukluk tedavisinde ilaç + psikoterapi önemli bir tedavi yaklaşımıdır.	30	100
Toplam	**30**	**100**

Panik Bozukluk Tedavisinde Psikoterapi Uygulanmamasının Nedenleri

Psikiyatri uzmanlarıyla yapılan bir çalışmada panik bozukluk tanısı almış hastaların tedavilerinde psikoterapi uygulanmamasının nedenleri arasında ücret yüksekliği, talep yetersizliği, idari yönetim engeli, hasta yoğunluğu, terapist eksikliği gibi sorunların olduğu tespit edilmiştir.

Günlük Ortalama Panik Atak Tanısı Alan Hasta Sayısı

Otuz psikiyatri uzmanıyla yapılan bir çalışmada, günlük kliniğe başvuran panik bozukluk tanısı almış hastaların sayıları minimum 1, maksimum 10 olduğu, bu hastaların ortalamasının ise 4 olduğu tespit edilmiştir.

Tablo 13. Günlük Tedavi Edilen Panik Atak Hasta Sayı Sonuçları

N	Ortalama ± Standart Sapma	Medyan	Min.	Maks.
30	4,07 ± 1,87	4	1	10

Panik Bozukluk Tanısı Almış Hastaların Tedavi Sürecinde Uzman Hekimler Tarafından Başka Bir Psikoterapiste Yönlendirilmesi

Yapılan çalışmada panik bozukluk tanısı almış hastaların sadece %10'nun bir psikoterapiste yönlendirildiği ortaya çıkmıştır. Bu çalışma 30 psikiyatri uzmanı ile yapılmış olup sonuçları aşağıda bir tablo şeklinde sunulmuştur.

Tablo 14. Psikiyatrilerin Panik Bozukluk Tanısı Almış Hastaları Bir Psikoterapiste Yönlendirme Oranı

	N	%
Yönlendirdi	3	10
Yönlendirmedi	27	90
Toplam	**30**	**100**

Panik Bozukluk Tedavisi Görmekte Olan Hastaların Tedavilerinde Psikoterapinin Önemi Hakkında Farkındalıkları

Yapılan bir çalışmaya göre panik bozukluk tanısı almış hastaların %96,7'sinin tedavi sürecinde psikoterapinin önemi hakkında bilgileri olmadığı ortaya çıkmıştır. Sadece bu hastaların %3,3'nün tedavi sürecinde psikoterapinin önemi hakkında bilgi sahibi olduğu tespit edilmiştir. Panik bozukluk tanısı alan hastaların tedavi sürecinde psikoterapiye verdikleri önem oranını gösteren tablo aşağıda yer almaktadır.

Tablo 15. Panik Bozukluk Hastalarının Tedavide Psikoterapiye Verdikleri Önemin Sonuçları

	N	%
Psikoterapi önemi hakkında bilgim var.	1	3,3
Psikoterapi önemi hakkında bilgim yok.	29	96,7
Toplam	**30**	**100**

Panik Bozukluk Tanısı Almış Hastaların Tedavi Sürecinde Uzman Hekimler Tarafından Kendilerine Uygulanan Tedavi Yaklaşımlarını Değerlendirmeleri

Bir çalışmaya göre panik bozukluk tanısı almış hastaların %96,7'sinin sadece ilaç tedavi aldığı, %3,3'nün ise ilaç + psikoterapi aldıkları ortaya çıkmıştır. Panik bozukluk tanısı almış hastaların uzman hekimlerce kendilerine uygulanan tedavi yaklaşımlarına ait sonuçlar aşağıda bir tablo şeklinde yer almaktadır.

Tablo 16. Uzman Hekimlerce Hastalara Uygulanan İlaç ve Psikoterapi Oranı

	N	**%**
İlaç	29	96,7
İlaç + psikoterapi	1	3,3
Toplam	**30**	**100**

Sağlık Kurumlarında Çalışan Ruh Sağlığı Çalışanlarının Oranı

Sağlık Bakanlığının 2012 yılı verilerine göre Bakanlık bünyesinde 966 ruh sağlığı uzmanı, 1102 psikolog, üniversite hastaneleri bünyesinde 302 ruh sağlığı uzmanı, 228 psikolog, özel hastanelerde ise 498 ruh sağlığı uzmanı, 313 psikolog görev yaptıkları belirlenmiştir. Sağlık Bakanlığı devlet hastaneleri, üniversite ve özel sağlık kurumlarında çalışan ruh sağlığı uzmanı ve psikolog sayıları aşağıda bir grafik şeklinde yer almaktadır.

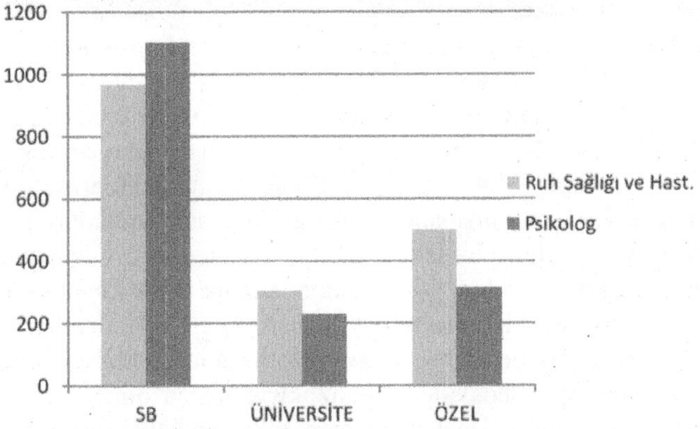

Şekil 10. T.C. Sağlık Bakanlığı Ruh Sağlığı Uzman ve Psikologların Gruplara Göre Dağılımı (2012).

Ruh Sağlığı Hizmeti Veren Çalışanların Genel Nüfusa Göre Oranı

Ülkemiz, ruh sağlığı çalışanlarının genel nüfusa oranı yetersiz olduğu ülkelerden birisidir. Ruh sağlığı politikalarının oluşturulmasında ve geliştirilmesinde de yetersizlikler olduğu dikkatleri çekmektedir. Sağlık Bakanlığının 2012 yılı verilerine göre tüm ülkede 1.766 psikiyatrist ve 1.643 psikolog mevcuttur. Bu sonuçlara göre 100.000 hastaya 62,5 psikiyatrist, 100.000 hastaya 50 psikolog düşmektedir. Ruh sağlığı çalışanlarının sayısındaki yetersizlik, panik bozukluk tanısı almış hastaların tedavilerinde psikoterapi uygulanma oranını olumsuz etkilemektedir.

Tablo 17. Türkiye'deki Ruh Sağlığı Hizmeti Veren Uzmanların Genel Nüfusa Göre Oranları

Hizmet Veren	Sayı	Topluma Oranı (1/100.000)
Psikiyatri	1.766	
Psikolog	1.643	

Bölüm Özeti

Panik bozukluk tanısı almış hastaların tedavisinde psikoterapi uygulaması, hastalığın tedavisi açısından son derece önemli bir yaklaşımdır. Bu bölüme konu olan çalışmaya göre psikiyatri uzmanları panik bozukluk tanısı almış hastalara %89,7'sine ilaç tedavisi, %6,9'una ilaç + psikoterapi, %3,4 alternatif tedaviler uygulandıkları tespit edilmiştir. Yapılan bazı çalışmalara göre ise psikiyatri uzmanlarının panik bozukluk tanısı almış hastalara sıklıkla ilaç tedavisi uyguladığı görülmektedir. Bu sonuçlara göre panik bozukluk tanısı almış hastaların %6,9 gibi çok az bir oranda ilaç + psikoterapi uygulandığı ortaya çıkmaktadır. Panik bozukluk tanısı almış hastalara sadece ilaç tedavisinin uygulanması, tedavide yetersizliklere neden olmaktadır. Panik bozukluk tedavisinde ilaç + psikoterapi etkili ve kalıcı bir tedavi yöntemi olduğu bilimsel çalışmalarla desteklenmektedir.

Psikiyatri uzmanlarına yönelik yapılan bir çalışmaya göre panik bozukluk tedavisinde ilaç + psikoterapinin önemi %100 olarak puanlandırılmıştır. Bu sonuca dayanılarak tedavi yaklaşımları arasında en etkili yaklaşımın ilaç + psikoterapi olduğu ortaya çıkmıştır. Ayrıca panik bozukluk tedavisinde psikoterapinin önemi konusunda farkındalık olsa da psikoterapinin çok az düzeyde uygulandığı ortaya çıkmaktadır.

Psikiyatrilerin panik bozukluk tanısı almış hastaların tedavisinde psikoterapinin önemli bir tamamlayıcı tedavi olduğuna yönelik farkındalıkları olmasına rağmen neden yeterli düzeyde psikoterapi uygulamadıklarının nedenleri şunlardır: Yüksek ücret, talep yetersizliği, idari yönetim engeli, hasta yoğunluğu, terapist eksikliği, zihinsel yetersizlik gibi bazı sorunlar söz konusudur.

Psikiyatri uzmanlarının panik bozukluk tanısı almış hastaları başka bir psikoterapiste yönlendirme oranı %10 olarak tespit edilmiştir. Yani hastaların %90'nın bir psikoterapiste yönlendirilmediği ortaya çıkmaktadır. Bu çalışmanın sonucuna göre uzman hekimler, kendileri psikoterapi uygulamadıkları gibi hastayı başka bir psikoterapiste yönlendirmediği de görülmektedir.

Ayrıca çalışmada, panik bozukluk tedavisi gören 30 hastanın 27'sinin tedavi sürecinde psikiyatri uzmanı tarafından kendisine psikoterapi hakkında bilgilendirme yapılmadığı dile getirilmiştir. Sadece 30 hastadan 3'ünün psikoterapi konusunda bilgilendirildiği ortaya çıkmıştır. Bu sonuca göre psikiyatri uzmanlarının, panik bozukluk tanısı almış hastalara tedavileri için psikoterapinin önemi hakkında yetersiz bilgi verdikleri tespit edilmiştir.

Sağlık Bakanlığının 2012 verilcrine göre Türkiye geneli Sağlık Bakanlığına bağlı devlet hastanelerinde 966 ruh sağlığı uzmanı, 1102 psikolog; üniversite hastanelerinde 302 ruh sağlığı uzmanı, 228 psikolog; özel hastanelerde 498 ruh sağlığı uzmanı, 313 psikoloğun görev yaptığı belirlenmiştir. Bu sonuçlara göre Sağlık Bakanlığına bağlı sağlık kurumlarında 1766 ruh sağlığı uzmanı çalışmaktadır. Psikolog sayılarının toplamı ise 1643'tür. Türkiye nüfus oranının 75.000.000 olduğu düşünülürse ve bu nüfusun %3'ü panik atak hastası olduğu varsayılırsa Türkiye geneli panik atak hastası 2.250.000 kişidir. Bu oran dikkate alındığında, her 1 ruh sağlığı uzmanına 200 panik atak hastası, her 1 psikoloğa 300 panik atak hastası düşmektedir. Çıkan bu sayısal sonuçlara göre sağlık kurumlarında çalışan ruh sağlığı uzmanı ve psikologların panik atak harici diğer psikolojik rahatsızlıkların tedavilerini yaptıkları da düşünülürse sayılarının yetersiz oldukları ortaya çıkmaktadır. Ayrıca bu araştırmada, sağlık çalışanlarının psikoterapi için gerekli uzmanlığı olduğu varsayılmıştır. Ruh sağlığı uzmanlarının psikoterapi konusunda uzmanlıkları farklı bir araştırma konusudur.

Yukarıda belirtilen çalışmaların sonuçlarına göre panik bozukluk tanısı almış hastaların tedavilerinde sadece ilaç kullanıldığı psikoterapi yaklaşımının ise yetersiz uygulandığı, bundan dolayı çoğu hastanın yıllarca psikoterapi almadan bu hastalıkla yaşamak zorunda kaldığı ortaya çıkmaktadır.

ALTINCI BÖLÜM

PANİK BOZUKLUK TANISI ALMIŞ HASTALARIN GERÇEK YAŞAM HİKÂYELERİ

Daha önceki bölümlerde belirtildiği gibi panik bozukluk, günümüzde kolay tedavi edilebilen psikolojik bir rahatsızlıktır. Bu hastalık kolay tedavi edilmesine rağmen hastaların yaşam kaliteleri üzerinde olumsuz etkileri söz konusudur. Aşağıda panik bozukluk tanısı almış hastaların birbirinden çok farklı yaşam hikâyeleri yer almaktadır. Bu hikâyeler, hastaların isimlerine yer verilmeden sizlere aktarılmıştır.

İlk Panik Atağım

On iki yaşında ailemle beraber İstanbul'a göç ettik. İlkokulu yeni bitirmiş, ailem çok yoksul olduğu için okulu bırakıp çalışmak zorunda kaldım. Önce ayakkabı boyacılığı, sonra trenlerde seyyar satıcılık yaptım.

Çok iyi bir çocukluğum geçti diyemem ama kötü bir çocukluk da yaşadım diyemem. Gerçi çocukluğumun anılarını sizlere burada anlatmayacağım, asıl anlatmak istediğim konu ilk panik atağımdır.

Yıl 1998 on yedi yaşındayım, ilk kurumsal işim olan büyük bir perakende mağazasında yeni işe başlamıştım. Bu mağazada çalışan çoğu iş arkadaşım, yaş olarak benden büyük ve aldıkları eğitimlerde benden çok üstündü. Bundan dolayı kendimi onların yanında değersiz biri gibi hissediyordum. Ayrıca genel kültür bilgi ve deneyim olarak da onlara göre kendimi çok yetersiz buluyordum. Bazen şivemden dolayı benimle alay eden müşteri ve iş arkadaşlarım da olurdu. Kendimi ifade edemez ve bu duruma karşı öylece sessiz kalırdım.

Bir gün yemek kartımı evde unuttuğum için aşçının bana kızacağı kaygısıyla yemek alırken kalbimin hızla çarptığını ve "Beni doktora yetiştirin!" diye etrafımdan yardım istediğimi hatırlıyorum. Bu sırada beni iş yerinde olan iş yeri hekiminin yanına götürdüler. Doktor tansiyonumun çok yüksek olduğunu ve hemen acil bir servise gitmem gerektiğini belirtti. Ellerim birbirine kenetlenmiş ve vücudumun her tarafı karıncalanmaya başlamıştı. Nefes alamıyor, kalp krizi geçirdiğimi düşünüyor ve beni acile yetiştirmeleri için arkadaşlarımdan yardım istiyordum. Arkadaşlarım beni Haydarpaşa Numune Hastanesi acil servisine götürdüler. O dönemlerde hastane acil servislerine gelen hastalarla pek ilgilenilmezdi. Bunu gören iş arkadaşlarım beni oradan alıp özel bir hastaneye götürmüşlerdi. Bu özel hastanede yapılan tahliller sonucunda herhangi bir hastalık bulgusu bulunamamıştı. Dolayısıyla her ihtimale karşı beni bir kardiyoloji bölümüne sevk etmişlerdi. Kardiyoloji uzmanı yaptığı tahlil sonuçlarına dayanarak kalp ile ilgili herhangi olumsuz bir durumun olmadığını, dolayısıyla psikolojik bir durum olabileceğini belirtmişti. Kardiyoloji uzmanı, benim bir psikiyatriye gitmemi önermişti. Bu ilk panikle başlayan hastalığım, panik bozukluğuna dönüşmüş ve yıllarca bu hastalıkla uğraşmama neden olmuştu.

Panik Atak Aşk ve Kalp Çarpıntısı

Ergenlik çağımın son dönemlerindeydim, çok güzel bir kıza âşık olmuştum. Panik bozukluğum ise âşık olmadan bir sene önce başlamıştı. Âşık olduğum kızın ise benim ona âşık olduğumdan haberi bile yoktu. Duygularıma hâkim olamıyor ve ona isimsiz aşk mektupları yazıyordum. Son mektupta ise adımı açıklamış, ona âşık olduğumu ve artık dayanamadığımı, bundan dolayı hasta olduğumu yazmıştım. Bu mektuptan yaklaşık bir ay sonra onunla bir sokak ortasında karşılaştık. Ellerinde kiraz poşeti yolumu kesmiş ve neden böyle davrandığımı sorgulamıştı. Ben ise yüzüne bakamıyor, utanıyor ve kaygılanıyordum "Ya bana kızarsa?" diye düşünüyordum. "Yüzüme bak!" diye bağırdığında ise kalbimin çok hızlı çarpmaya başladığını, nefesimin kesilmeye başladığını, bacaklarımın beni taşıyamadığını hissetmiştim. Benim kötüleşmeye başladığımı fark ettiğinde ise "Neyin var?" diye sormaya başladı. Ondan yardım istememek için kendimi zor ayakta tutuyordum. Artık fazla dayanamamış ve onun yanında öylece yere uzandım. Kalbim yerinden çıkacakmış gibi çarpmaya devam ediyordu. Sokak ortasından uzandığım için yanımızdan geçen bir araba beni hastaneye götürmüştü. O günden sonra âşık olduğum kızla karşılaşmamak için yoğun bir çaba göstermeye başladım. Hatta ona benzeyen biri gördüğümde yolumu hemen değiştiriyordum. İki yıl boyunca onunla karşılaşmamak için kaçınma davranışlarında bulundum. En sonunda onun başka biriyle evlendiğini duydum. Hüzün ve sevincin bir arada olduğu karmaşık bir duyguyla "İyi ki evlendi." diye düşünmüştüm. Ama şimdi anlıyorum ki o güzel duygular panik ataklarımın kurbanı olmuştu.

Tansiyon Hastasıyım Evlenemem

Çok zor bir askerlik dönemi geçirmiş ve nihayet eve dönebilmiştim. Panik ataklarımın ilk ortaya çıkışı askerlik döneminden dört yıl öncesine dayanıyordu. Bu ataklara rağmen askerliğimi başarılı bir şekilde bitirebilmiştim.

Askerlik sonrası ailem evlenmem için bana baskı yapmaya başladı. Ben ise panik bozukluk sonrası ortaya çıkan hipertansiyon nedeniyle bu konuda onlara olumsuz yanıtlar veriyordum. Çünkü kendimi hipertansiyon hastası olarak görüyor ve beyin kanaması ya da felç nedeniyle kısa sürede ölebileceğimi düşünüyordum.

Hipertansiyon hastası olduğuma yönelik kaygılarım, kaçınma davranışlarına neden olmuştu. Bu kaçınma davranışlarım, yaklaşık sekiz sene boyunca devam etti. Nihayet bir arkadaşımın yönlendirmesi ile bir kardiyoloji uzmanına gitmeye karar verdim. Bu uzman doktor, bir hafta boyunca tansiyonumu takibe almış ve bunun sonucunda ilaç kullanmamın artık gereksiz olduğu ve hipertansiyon hastası olmadığım konusunda beni ikna etmişti. Bu olaydan sonra, hipertansiyon ile ilgili korku ve kaygılarım yok olmuştu. Birkaç sene sonra ise tanıştığım bir bayanla mutlu bir evliliğe adım attım.

Tansiyon Raporu

Panik bozukluk hastalığına on yedi yaşında yakalandım. En güzel yıllarımı kaygı ve korkularla geçirdim. Halk arasında sık kullanılan "Bu hastalık öldürmez ama süründürür." cümlesinin size bu zor yıllarımı anlatacağı düşüncesindeyim.

Aradan altı yıl geçmiş, yirmi üç yaşına gelmiştim. Bu yaşlarda daha sık panik atakları yaşamaya başladım. Sıklıkla hastanelerin acil servislerine gidiyor ve beni muayene eden doktorlar, tansiyonumun çok yüksek olduğunu bildiriyorlardı. Ayrıca doktorlar, bu yaşta hipertansiyonun nasıl ortaya çıktığını anlayamadıklarını dile getiriyorlardı. Bundan dolayı genç yaşta hipertansiyon hastası olduğuma yönelik kaygı ve korkular ile yaşamaya başladım. O dönemler, ünlü bir dâhiliye uzmanının adını duymuş ve o doktordan randevu almıştım. Gittiğim bu doktor, bir hafta boyunca tansiyonumu takip etmiş ve bana hipertansiyon hastası olduğuma yönelik devlet hastanesinde de bir rapor çıkarmıştı. Artık hipertansiyon hastası olduğuma yönelik bir kanıtım olmuştu. Bu rapor sonucunda almam gereken ilaçları yazdırmak için doktorlara gidiyordum. Bir gün bu ilaçları yazdırmak için gittiğim bir dâhiliye uzmanı dalga geçercesine "Bu yaşta elinde bu raporla ne dolaşıyorsun." demişti.

Tansiyon hastalığımla ilgili bir yakın arkadaşımla sohbet ederken babasının doktoru olan bir kardiyoloji uzmanına gözükmemi tavsiye etmişti. Adresini aldığım bu doktordan randevu aldım. Bu doktor, hastalıkla ilgili süreci takip etmiş ve hipertansiyon hastası olmadığımı panik bozukluk nedeniyle tansiyonumun yükseldiğini belirtmişti. Ayrıca elimdeki raporun bir anlam ifade etmediğini dile getirmişti. Bundan dolayı iyi bir psikiyatriden tedavi almamı ve bu tedavi sonucunda tansiyon değerlerinin normal sınırlara döneceğini ifade etmişti. Nitekim bu doktorun takibi sonucu hipertansiyon ilacını bırakmama rağmen tansiyon değerlerim normal sınırların dışına çıkmamıştı.

Askerlik ve İlaç Taşıma

Panik bozukluk hastalığına yakalandıktan sonra yanımda panik atakları önleyecek kaygı giderici ilaçlar bulunduruyordum. Bu ilaçlar, kaçındığım yerlere gitmem konusunda bana güvence veriyordu. Çünkü panik atak esnasında bu ilaçlar panik ataklarımı önlüyordu. Yani hastaneye gidecek acil bir durumu ortadan kaldırıyordu.

Bu hastalık başladıktan sonra bu ilaçlar sayesinde yaşama tekrar bağlandım. Bu durum öyle bir hâl almıştı ki artık yanımda ilaç olmadan dışarı çıkamaz hâle gelmiştim. Yani kaygı giderici ilacı kullanmasam da yanımda taşıyacak şekilde bir bağımlılık geliştirmiştim. Bundan dolayı cebimde çantamda sürekli ilaç taşıyor ve onların yanımda olduğundan emin olmak için sıklıkla kontroller yapıyordum. Eğer ilaçlarımın yanımda olmadığını bilsem orada panik atak geçirebilirdim.

Bu ilaçlar, yeşil reçeteyle satıldığı için sadece uzman bir doktorun reçeteye yazması sonucu eczanelerden alınabiliyordu. Bazı doktorlar bu ilacı yazıyor, bazıları ise yazamayacağını çünkü tedavinin ilaç almadan hastalıkla başa etme olduğunu savunuyorlardı. Sonuç olarak bu kaygı giderici ilaçlar yanımda olmadığı sürece ben normal yaşamımı sürdüremiyordum.

Panik bozukluk başladığından beri bu hastalıkla mücadele etmiştim. Artık askerlik zamanı gelmiş ve askere gitmek zorunda kalmıştım. Askere, cebimde çantamda ortalama otuz adet kaygı giderici ilaçla gittim. Çünkü bu ilaçlar yanımda olmasa nizamiyenin kapısından bile giremeyecek bir durumdaydım.

Birliğime teslim olmuş, askerî kıyafetleri giymiştim. Çantamı benden aldıkları için tüm ilaçlarımı kamuflajlarımın ceplerine doldurmuştum. Kısa bir süre içinde askerlerin üstlerinin arandığı, ilaç ve benzeri malzemelerin askerlerden alındığı ve bu yasağa uymayanlar hakkında idari işlemler yapıldığını öğrendim. Bu durumu öğrenmem yoğun bir kaygı yaşamama neden oldu. Her an üst araması yapılabilir ve üzerimdeki tüm ilaçlar alınıp cezai işleme tabi tutulabilirdim. Böyle bir durumda ise üst rütbeli askerlerin bu durumu anlayabileceklerini zannetmiyordum. Çünkü madde bağımlısı birçok askerle uğraşıyorlardı. Beni de bu madde bağımlısı askerlerden biri olarak düşünebilirlerdi. Bu kaygıya dayanamayacağımı hissedince üzerimdeki bazı ilaçları eğitim alanı içerisinde yer alan boş bir araziye gömmüş, birkaç tanesini de kapüşonumun uç kısmını yırtarak iç tarafa saklamıştım. Sürekli üst aramaları oluyor ve beni yakalayacakları konusunda yoğun bir kaygı yaşıyordum. Askerlik ortamına biraz alıştıktan sonra bir psikiyatriye gidip ilaç meselesini ona anlattım. Doktor, durumu anlamış ve bu ilaçları taşıyabileceğime yönelik bir rapor vermişti. Raporu aldıktan sonra "Keşke bu kadar kaygı ve korku yaşamasaydım. En baştan beri bir doktordan yardım alsaydım." diye düşünmüştüm.

Diş Çekimi

Yaşamın herhangi bir döneminde çoğu kişi diş ağrısına maruz kalmıştır. Öyle bir ağrıdır ki bu, dayanılmaz bir acı içinde çare bulmaya çalışır insan. Sonuçta bir diş hekimine gider ya diş çekilir ya da dolgu yapılır. Bazen de diş çekiminden korkulduğu için bir dişçiye gidilmez. Ama ne kadar kaçılsa da en sonunda dişçi koltuğundan bulur insanlar kendilerini.

On yıldır panik bozukluk hastası olarak belli aralıklarla panik atakları yaşıyordum. Yani aldığım ilaçlar beni tam anlamıyla iyileştirmiyor ve belli aralıklarla panik ataklarım tekrarlanıyordu. Bu dönemde iki dişim ağrıyor ama ben panik ataklarım nedeniyle dişçiye gidemiyordum. Dişlerim öyle bir hâl almıştı ki ağrı nedeniyle artık dayanılmaz bir acı çekiyordum. Geceleri artık diş ağrısından uyuyamayacak bir duruma gelmiştim. Artık kaçış yollarım kapanmış, bir dişçiye gitmek zorunda kalmıştım. Dişçinin koltuğuna oturduğumda dişimi kontrol eden dişçi; hipertansiyon ve şeker hastalığımın olup olmadığını sormuştu. Dişçiye bazen tansiyonumun yüksek çıktığını söyledim. Bu cevabım sonrası dişçi tansiyonumu ölçmüş, tansiyonumun yüksek olduğunu, dolayısıyla dişimi çekemeyeceği ancak hipertansiyon tedavisi sonrası dişimi çekebileceğini söyledi. Zaten dişçinin koltuğunda zor oturuyordum, bunun üzerine hemen soluğu kapının önünde aldım. Birkaç gün diş ağrısıyla baş etmeye çalışmış ama artık acıdan duramayacağımı anlamıştım. Sabah uyandıktan sonra başka bir diş doktoruna gittim. Dişimi kontrol eden doktora birkaç gün önce dişimi çektirmek istediğimi ama hipertansiyon nedeniyle dişimin çekilmediğini anlattım. Bu durumu ciddiye almayan doktor, zor çıkan dişimi çıkarırken ter içinde kalmıştı. Dişimi büyük bir uğraş sonucunda çıkaran doktor, beni bu acıdan kurtarmıştı.

Polis Baskını ve Hapishane Korkusu

O yıl üniversite sınavlarına girmiş, istediğim bölümü kazanmıştım. İlginç olan ise yirmi beş yaşında üniversiteyi kazanmış olmamdı. On yedi yaşında lise son sınıftayken panik bozukluk hastalığına yakalanmış ve üniversite sınavlarına hazırlanamamıştım. Ayrıca panik bozukluk nedeniyle uzak bir şehre gitmeye yönelik kaygı ve korkularım da vardı.

Liseyi bitirdikten yedi yıl sonra sırtımda çantam, içimde okul sevgisi beni çok mutlu etmişti. Ben, sırt çantam, panik atağa karşı güvencem olan ilaçlarım, üçümüz beraberce üniversitenin bulunduğu şehrin sokaklarında dolaşıyorduk.

Bir ay içinde okul ortamına alışmış, yurtta bulunan birçok öğrenci arkadaşla tanışmıştım. Ayrıca yurt kantininde siyah elbiseli çirkin yüzlü garip adamlar görmeye başladım. Bir gün, öğrenci arkadaşlarımla oturduğum masaya gelen bu garip adamlardan biri, nereli olduğumuzu sorup öğrenci yurdunun dışında yer alan bir kafeye gelmemiz konusunda ısrarda bulunmuştu. Bu teklifi hoş karşılamakla birlikte arkadaşlarımın yoğun ısrarları sonucu bu kafede olan bir toplantıya katıldık. Yapılan toplantıda çirkin yüzlü bir adamın demagoji yaptığını ve dolayısıyla bu mekâna ait biri olmadığımı anlamıştım. Siyasi demagojilerden nefret ettiğim için orayı hemen terk ettim. Ama tahmin edemeyeceğim bir durum ortaya çıkmıştı. Oradan ayrıldığımı gören bu grup, beni ilk hedef olarak seçmişti.

Bir gün okul çıkışında öğrenci yurduna doğru giderken etrafımı saran on kişi, okulu terk etmem gerektiğini, yoksa sonumun çok kötü olacağını güzel bir dayak atarak bana anlatmıştı. O sırada yurt odasında beraber kaldığım bir arkadaşım benim dayak yediğimi görmüştü. Bu arkadaşım okulu terk etmemem gerektiğini, beni koruyacak bazı insanlarla tanıştırabileceğini söyledi. İstemeyerek de olsa beni koruyacak bu grubun içine girmem gerekiyordu. Çünkü ya orada kalıp sürekli bu kaba adamlardan dayak yiyecek ya da bu gruba katılacaktım. Bu seçenekler arasında okulumu bitirmemi sağlayacak en mantıklı tercih, o grubun içine girmem olmuştu. Çünkü okulumu çok seviyor ve onu terk etmek istemiyordum.

Bu dönemlerde panik bozukluk hastası olduğum için gruplar arası kavgalarından uzak durmaya çalışıyordum. Çünkü gürültü ve yaralanmalara yol açacak kavgalar, benim panik ataklarımı tetikliyordu.

Bir gün şehir merkezinde dolaşırken karşılaştığım bir öğrenci arkadaşım, bir konser organizasyonu düzenleneceği, dolayısıyla buna yönelik bir öğrenci arkadaşımızın evinde toplanılacağı, orada olmam gerektiği bilgisini vermişti. Toplantı için belirtilen öğrenci arkadaşımın evine doğru yol aldım. İçeri girdiğimde oturacak bir yer bulamamıştım. Dolayısıyla burada birçok öğrencinin toplanmış olduğunu görmüştüm.

Kısa bir süre sonra evi basan polislerin "Yere yat, yere yat!" bağırışı eşliğinde yere yattım. Yerdeyken panik atağım başlamış, dolayısıyla polislere yerden kalkmam gerektiğini çünkü kalp hastası olduğumu, ilaç içmem gerektiğini dile getirdim. Bu duruma izin verilmemesine rağmen dayanamamış ve ayağa kalkmıştım. Kaygı giderici ilacımı içmeye hazırlanırken polis içmeme izin vermemişti.

Panik atak geçiriyor, kalbim hızla çarpıyor, ellerim birbirine kenetlenmiş ve tüm vücudum karıncalanıyordu. Panik atağımın ortaya çıkmasına neden olan durum ise kapalı bir hücreye alınabileceğim, dolayısıyla kapalı bir alanda kalamayacağıma yönelik korkularımdı. Neyse ki savcı, tutuklanmamızı gerektirecek bir durumun olmadığını, dolayısıyla bir daha böyle toplantılar yapmamamız gerektiği konusunda bizi uyararak serbest bırakmıştı. Serbest bırakıldığımızı duyunca çok mutlu olmuştum. Bu mutluluğum kısa sürmüştü çünkü panik bozukluk hastası olduğumu bilmeyen arkadaşlarım, benim çok korkak biri olduğumu, polisten çok korktuğumu dile getirmeye başlamışlardı. Oysa onların benim iç dünyamda kopan bu çığlığın nasıl bir duygu olduğunu bilmeleri imkânsızdı. Nihayet okulu bitirmiş ve eve dönebilmiştim.

Kendimi İfade Etmekten ve Savunmaktan Kaçınma

Yıllarca panik bozuklukla uğraşmama rağmen bu hastalıkla yaşamayı bir türlü kabullenememiştim. Bundan dolayı sürekli neden diğer insanlar gibi sağlıklı olmadığımı sorguluyordum. Panik bozuklukla ilgili bu düşüncem, onunla asla birlikte yaşamayı kabul etmeyeceğime yönelik bir sitemdi. Panik bozuklukla yaşayamayacağımın nedeni ise yaşam kalitem üzerindeki olumsuz etkisiydi. Eskiden rahatlıkla gittiğim yerlere gidemiyor ve sürekli sağlığımla ilgili olumsuz düşüncelerle uğraşıyordum. Bundan dolayı herhangi bir kapalı ve açık alanda olan tartışma ve kavga durumunda kendimi çok kötü hissediyordum. Örneğin, birinin bana yaptığı bir haksızlık karşısında onunla tartışacak veya kavga edecek bir gücüm yoktu. Çünkü onlarla herhangi bir tartışma veya kavgaya tutuşmam, bir kargaşa ortamına neden olacaktı. Bu durum ise panik atağı geçirmeme neden olacak kaygısıyla kaçınma davranışları gösteriyordum. Yıllarca böyle savunmasız bir şekilde yaşamaya devam ettim. Ta ki gittiğim bir psikolog, aslında o gergin anlarda sağlıklı bireylerinde kalp atışlarının hızlandığını belirtmesine kadar. Bu çarpıtılmış düşüncelerimin farkındalığına varmam, benim değişmeme neden olmuştu. Yani bir süre sonra panik bozukluğum olmasına rağmen herhangi bir haksızlık durumunda kendimi haklı bir biçimde savunamaya başlamıştım.

Uçak Sorunu

İlk panik atağım sonrası işimle ilgili bazı sorunlar yaşamaya başladım. Daha sonraki dönemlerde ise işime engel olacak herhangi bir sorun yaşamamıştım. Çünkü hastalığımı tanımaya başlamış ve onunla nasıl baş edebileceğimi öğrenmiştim. Bu durum, satış müdürü olarak terfi almama kadar böyle sorunsuz bir şekilde devam etmişti. Yeni görevim, sıklıkla şehirler arası yolculuk için uçaklarla seyahat etmemi gerektiriyordu. İş amaçlı ilk şehirler arası seyahatim olan İzmir'e gitmem için uçak bileti ayarlanmıştı. İlk iş seyahatim için hava alanına gitmiş, güvenlik kontrollerini geçtikten sonra nihayet uçağa binebilmiştim. Koltuğa oturduktan birkaç dakika sonra nefesimin daraldığını, kalbimin hızla atmaya başladığını ve bu dar alanda kalamayacağımı düşünerek acilen uçak kalkmadan inmek istediğimi belirtmiştim. Uçak personelinin de yardımıyla uçak hareket etmeden uçaktan inebilmiştim. Bir panik atakla birlikte kendimi zar zor dışarı atabilmiş ve bu durumu nasıl düzeltebileceğimi düşünmeye başlamıştım. Ayrıca yeni terfi aldığım için yöneticilerime uçak korkum olduğunu ya da panik bozukluk hastası olduğumu söyleyemezdim. Çünkü bu görev sıklıkla uçaklarla seyahat etmeyi gerektiriyordu. Yöneticilerim de yeni görevimde başarılı olacağımı düşünüyorlardı. Onlara bu konuda hayal kırıklığı yaşatmak istemiyordum. Bu durumu düzeltmek için hemen otobüs terminaline gitmiş ve İzmir'e giden ilk arabayla yolculuğuma devam etmiştim. İzmir'den geri dönüşte ise bazı mazeretler öne sürerek otobüsle geri döndüm. İstanbul'a döndüğümde ise bu sorunu çözmek için psikoterapi almaya başladım. Ayrıca doktor, ilaç tedavisine tekrar devam etme kararı almıştı. Altı aylık ilaç ve psikoterapi tedavisi sonrası artık rahat bir şekilde uçaklara binebiliyordum.

Xanax Taşıma

Panik bozukluk tanısı almadan önce kardiyoloji, dâhiliye, nöroloji uzmanı gibi birçok alandan doktora başvurdum. Bu alanlara yönelik yapılan tüm tahlillerde herhangi bir bulgu elde edilemediği için en son bir psikiyatri servisine yönlendirildim. Yapılan psikiyatrik görüşme sonrası panik bozukluk hastalığına yakalandığım ve dolayısıyla ilaç tedavisi görmem gerektiği bilgisi verilmişti. Doktor, her sabah bir antidepresan ilaç almamı ve yoğun kaygı durumunda ise kısa süreli kaygı giderici bir ilaç olan xanax almamı önermişti. Üç haftalık bir tedavi süreci sonrası ilaçların yan etkisine rağmen kendimi iyi hissetmeye başladım. Bozulan mesleki ve sosyal yaşamımda düzelmeler olmaya başladı. Ayda bir kez doktor kontrolüne gidiyor doktor ise tedavinin gidişatına göre ilaç dozunda bazı değişiklikler yapıyordu. Son gittiğim kontrolde ise doktor artık yeşil reçeteyle yazılan xanax ilacını keseceğinin bilgisini verdi. Bu ilacın kesileceğini duyunca "Doktor Bey ama ben, xanax sayesinde panik ataklarla baş ediyorum. Siz bu ilacı keserseniz, ben dışarıya çıkamayacak bir duruma gelirim ve dolayısıyla panik ataklarım tekrarlanır." demiştim. Nitekim tüm ısrarlarıma rağmen doktor bu ilacın bağımlılık yapabileceğini, dolayısıyla bu ilacı yazamayacağını çünkü bağımlılığın sadece ilaç içmek olmadığını, yanında taşımanın da bağımlılık anlamına geldiğini belirtmişti. Doktordan çıktından sonra yaşamımın bir parçası hâline gelen ilacı yanımda taşımadığım taktirde dışarıya güven içinde çıkamayacağımı, dolayısıyla bu doktorun bu durumu anlamadığını, başka bir doktora gitmem gerektiğine yönelik bir karar aldım. İki gün sonra gittiğim bir doktor beni çok iyi anladığını, bana bir kutu xanax yazacağını ama bu ilacı yanımda sürekli taşımadan güvenli bir şekilde dışarı çıkmam için psikoterapi uygulayacağını belirtti. Böylece xanaxı yanımda taşımadan normal yaşamımı sürdürebileceğim bir psikoterapi süreci başladım. Bu psikoterapi süreci, aşamalı olarak ilacı yanımda taşımadan dışarı çıkmamı sağlayacak bilişsel davranışsal bir süreci kapsamıştı. Nihayet bu tedavi sonucunda yanımda ilaç taşımadan da dışarı çıkabiliyordum. Arada bir panik ataklarım tekrarlansa da artık ilaç olmadan da onlarla baş edebilecek bir durumda olduğumu hissedebiliyordum.

On Yıl Sonra Psikoterapi Bilgisi

On sekiz yaşında liseyi yeni bitirmiş, yoğun bir tempoyla üniversite sınavına hazırlanıyordum. Üniversite eğitimi almayı hep hayal etmiş ve bu sınavı kazanmak için çok çalışıyordum. Sınav tarihi yaklaşmış ve son bir ayım kalmıştı. Sınav süresi azaldıkça heyecanım da artmaya başladı. Sınava son bir hafta kalmış, hocamla sınav hakkında konuşurken kalbimin çok hızlı çarptığını ve nefes alamadığımı hissederek hocama kalp krizi geçirdiğimi söyledim. Beni hemen yakınlarda olan bir hastanenin acil servisine götürdüler. Yapılan muayene ve tahliller sonucunda herhangi bir hastalığa yönelik bir bulgu tespit edilememişti. Dolayısıyla stresle bağlantılı bir durum olabileceği, bir psikiyatriste gözükmem gerektiği dile getirildi. Gittiğim psikiyatri uzmanı, beni detaylıca dinlemiş ve panik atak olduğumu, dolayısıyla ilaç tedavisine başlanması gerektiğini söyledi. Bu hastalık yüzünden o yıl boyunca üniversite sınavına katılamadım. Yıllar sonra bu durumun yaşamımı değiştiren bir dönüm noktası olduğunu fark ettim. Çünkü üniversite hayalimi çok uzun yıllar sonra gerçekleştirecek ve istediğim bölüm dışında farklı bir bölüme gitmem söz konusu olacaktı. O yıllarda bu hastalık çok iyi bilinmiyordu. Dolayısıyla insanların ön yargılarına maruz kalma ihtimaliniz de çok yüksekti. Bu hastalığın tedavisine yönelik çabalarım tam on yıl boyunca devam etti. Sürekli kitap okuyan biri olduğum için bir kitapçıda panik bozukluk ile ilgili bilişsel davranışçı psikoterapiyi anlatan bir kitap görmüş ve bu kitabı satın almıştım. Bu kitap, benim için yeni bir dönemin başlangıcı olmuştu. Çünkü on yıl boyunca sadece ilaç tedavisi görmüş, psikoterapi ile ilgili herhangi bir bilgi almamıştım. Ayrıca bu kitap, tüm dünyada panik bozukluk tedavisinin bilimsel olarak kanıtlanmış yöntemin ilaç + psikoterapi olduğunu öğrenmemi de sağlamıştı. On yıl bu hastalıkla mücadele etmiş ve en sonunda bir kitap aracılığıyla psikoterapi yönteminin tedavideki önemi konusunda bilgi sahibi olmuştum. Bu farkındalıktan sonra bir psikoterapiste gitmiş, seanslar şeklinde psikoterapi görüşmeleri gerçekleştirdim. Psikoterapi sayesinde panik ataklarımda tekrarlanma oranı azalmıştı. Ayrıca bilişsel davranışçı psikoterapilerle ilgili kitapların da tedavimdeki olumlu katkısını belirtmek isterim.

Vapurla Karşıya Geçme

Benim panik atakla tanışmam yirmi bir yaşında oldu. Uzun bir süre nasıl bir hastalığa yakalandığımı öğrenmek için birbirinden farklı alanda birçok doktora başvurdum. Nasıl bir hastalığa yakalanmış olduğumu, son gittiğim bir psikiyatriden öğrendim. Anksiyete bozukluğunun yani kaygı bozukluğunun bir çeşidi olan panik bozukluk hastalığına yakalanmıştım. Etrafımdaki insanların ön yargıları nedeniyle sürekli delilik ve akıllılık arasında bir sorgulama yaşadım. En sonunda panik bozukluğun bir akıl hastalığı olmadığını, bir psikolojik hastalık olduğunu kabullendim. Artık hastalığımın ne olduğuna yönelik sorularımın cevabını aramıyor, onunla nasıl mücadele edebileceğimin cevabını arıyordum.

Hastalığımı tanımış ve onunla nasıl mücadele edeceğimi öğrenmiştim. O dönemlerde bir arkadaşımla Kadıköy'de buluşmuş ve Avrupa Yakası'na geçmek için vapur bekliyorduk. Vapurun iskeleye yaklaşmasını beklerken o vapura binersem denizin ortasında panik atağı geçirebileceğime yönelik kaygılarım ortaya çıktı. Denizin ortasında yardım alamayacağımı, dolayısıyla panik atak geçirerek herkese rezil olacağımı düşünmeye başladım. Bu duruma rağmen vapura binmeye çalışmış ama bunu başaramayacağımı anladığım için arkadaşıma şöyle demiştim: "Karşıya otobüsle geçelim, benim deniz korkum var, vapura binemeyeceğim". Arkadaşım şaşkın bir şekilde bana bakarak korkacak bir durumun olmadığını, benim yanımda onun da olduğunu söylemişti. Hatta otobüsle karşıya geçemeyeceklerini çünkü köprüde çok trafik olduğunu belirtmişti. Arkadaşım, vapurdan dışarı kaçtığımı görmüş ve peşimden gelmişti. Ondan özür dilemiş ve başka bir zaman karşıya geçebileceğimizi üzülerek ona ifade ettim. O hafta içerisinde tekrar bir psikiyatri uzmanına gitmiş ve kaçınma davranışlarım ile ilgili psikoterapi almaya başladım. Psikoterapinin bir yöntemi olan bilişsel yeniden yapılandırma ve aşamalı bir şekilde kaçınma davranışlarının üzerine gitme ve maruz bırakma yöntemi ile sonunda vapura binebilmiştim.

Sinema Korkusu

Yedi yıl önce bir gece yataktan öylece fırladım, kalbimin çok hızlı bir şekilde attığını ve nefesimin kesildiğini, kalp krizi geçirdiğimi düşünerek yere yatmış, eşimden acilen beni doktora götürmeleri konusunda yardım istedim. Eşim bir komşumuza haber vermiş, apar topar bir hastanenin acil servisine gitmiştik. Buradaki doktor, beni muayene etmiş ve belirtilerden şüphelendiği için bir kardiyoloji servisine gitmemin daha iyi olacağını belirtmişti. Doktor, özel bir hastanenin kalp ile ilgili bölümünün acil hastaları ücretsiz kabul ettiğini belirtti. Gittiğim hastanenin acil servisi, bir aspirini suya karıştırarak bana içirmiş ve damar yolumu açmıştı. Acile gelen kardiyoloji uzmanı beni muayene etmiş ve bazı tahliller istemiş ve sonuçlar çıkana kadar orada kalmamı istemişti. Bir saat sonra gelen doktor, tahlillerde bir sorun olmadığını ama belirtilerin panik atak benzeri bir durum olduğunu ve bir psikiyatri uzmanına görünmemi tavsiye etti. Birde ücretsiz zannettiğimiz hastane, bize yüklü bir miktarda ücret çıkarmıştı. Çünkü sadece kalp ile ilgili acil durumlarda para almadıklarını ama şikâyetimin psikolojik bir durum olduğunu, dolayısıyla ödeme yapmak zorunda olduğumu bana iletmişlerdi.

Bu yaşadığım panik ataktan iki yıl sonra sinemalarda "Soğuk Dağ" diye bir film gösterime girmişti. Çalıştığım iş arkadaşlarım sinemaya gideceklerini, benim de bu filmi izlemek için onlarla gitmemi istemişlerdi. Arkadaşlarımın ısrarları nedeniyle sinemaya gitme kararı aldım. Sinema salonunun en ön sırasında oturmuş filmin başlamasını bekliyorduk. Film başlamış ve sinema salonundaki ses sisteminden olumsuz etkilendiğimi, nefesimin daraldığını ve kalbimin hızlı çarptığını hissettim. Bu karanlık ortamdan ve yüksek sesin olumsuz etkisinden nasıl kurtulabileceğimi düşünmeye başladım. Ellerim birbirine girmiş, vücudumun karıncalandığını, nefesimin kesildiğini hissederek arkadaşlarımdan yardım istedim. Yine aynı şeklide acil bir servise gitmiş ve doktorun "Bir psikiyatriye görün." önerisiyle oradan ayrıldık. Bu olaydan sonra artık kalabalık yerlere gidemiyor ve toplu taşıma araçlarına binemiyor, evden uzaklaşmak istemiyordum. Bir yere gideceğim zaman ise "Oraya yakın bir hastane var mıdır?" sorusu ile meşgul oluyordum. Bu duruma daha fazla dayanamayarak bir psikiyatriye başvurmak zorunda kaldım. Uzman hekim panik atak geçirdiğimi ve ilaç tedavisi uygulayacağını, ayrıca kaçınma davranışları için bir psikoterapiste gitmemi önerdi. İlaç + psikoterapi tedavisi sonucunda sağlığıma kavuşmuş ve kaçınma davranışlarımdan kurtulmuştum. Şimdi arada bir panik ataklarım tekrarlıyor ama ben artık bu ataklardan korkmuyorum, korkularımın üzerine gidiyorum. Ayrıca gerekirse arada doktor kontrolünde ilaç kullanıyorum. Bu hastalıkla yaşamayı öğrendim diyebilirim.

Yirmi Yıl Sonra Korku ve Kaygılarımla Karşılaşmak

Liseyi yeni bitirmiş genç ve deneyimsiz bir aday olarak iş arayışı içerisine girmiştim. Yoğun bir iş arayışı sonrası perakende bir mağazada satış elemanı olarak işe kabul edildim. Çalışmaya başlayacağım yer ise yabancı bir firmanın global bir markasıydı. Bu mağaza, o dönemler çok kalifiye çalışanların olduğu bir kurumdu. Bu kurumda çalışanların birçoğu, daha sonraki yıllarda tiyatro yönetmeni, siyasetçi, ünlü insanlarla evlilik yapan hatta yurt dışına çıkıp birçok başarıya imza atan insanların çalıştığı bir yerdi.

Bu kurumda çalışmam, benim kendimi geliştirmem için bulunmaz bir fırsattı. Nitekim burada, o dönemde birçok şeyi öğrenmiş ve kendimi yetiştirme fırsatı da bulduğum bir yer olmuştu. Bu dönemlerde işimle ilgili her şey yolunda giderken katıldığım bir eğitimde nefesimin daraldığını, kalbimin hızla çarptığını ve dolayısıyla kalp krizi geçirdiğimi düşünerek etrafımdakilerden beni hastaneye yetiştirmeleri için yardım istedim. Bir hastanenin acil servisinde tahlil yapılan koridorlarda bir sedyede kendimi bulmuştum. Doktorun "Hiçbir şeyiniz yok ama psikolojik bir durum olabilir, bir uzmana gözükmeniz gerekiyor." cümlesi ile karşılaştım. Bu olaydan sonra çalıştığım kuruma karşı kaçınma davranışlarında bulunmaya başladım. Sürekli ya rapor alıyor ya da izin kullanıyordum. Çünkü panik ataklarımın sadece o kurumda ortaya çıktığını düşünüyor ve işe gitmek istemiyordum. Dolayısıyla çok sevdiğim iş yerim kâbusum olmaya başlamıştı. Bu kaçınma davranışlarım yüzünden işten de çıkarılmıştım. Bu olaydan sonra bu kuruma bir daha uğrayamadım. Aradan yirmi yıl geçmiş ve artık iyileştiğim için bu kuruma uğrama kararı almıştım. Gözlerimde yaş, çalıştığım reyonlara bakıyor ve o güzel insanları anıyor ve kendimi hâlâ o reyonların arasında çalışan biri olarak görüyordum. Panik bozukluk, yirmi yıl sonra kaygı ve korkularımla karşılaşmama izin vermişti. O sırada, "Buradan niye kaçmıştım ki, hastalığımın nedeni bu iş yeri değildi ki." diye kendi kendimle konuştum. Yirmi yıl sonra, "Merhaba güzel anılarım! Merhaba güzel okulum!" demiştim.

SONUÇ

Kaygı çağında, psikiyatri hastalıkları arasında yer alan panik bozukluk, bu çağın önemli ruhsal hastalıklarından bir tanesidir. Panik bozukluk; aniden ortaya çıkan, tekrarlayabilen, insanı dehşete düşüren, bedensel ve ruhsal yakınmaların birlikte olduğu ruhsal bir rahatsızlıktır. Özellikle agorafobi (kaçınma davranışları) ile beraber seyreden panik bozukluk, hastaların yaşam kalitesini bozmaktadır (Kocabaşoğlu, 2008, s. 178).

Panik bozukluk tanısı alan hastalarda var olan bedensel belirtiler, bir kısır döngüye dönüşmektedir. Panik bozukluk hastalarında kalp krizi ile ilgili endişeler ve kontrolünü kaybetme, çıldıracağına yönelik düşünceler ve ölüm korkusu yoğun bir biçimde yaşanmaktadır. Kaygı belirtileri denilen bu belirtilerin yanında; baş dönmesi, bayılacakmış gibi olma, boğulma hissi, nefes darlığı ve soluğun kesilmesi, çarpıntı, göğüste sıkışma ya da ağrı, karın ağrısı, terleme, titreme, uyuşma, karıncalanma gibi fiziksel belirtilerin de bir kısmı panik atağa eşlik etmektedir. Bu belirtilerin yanı sıra birçok uzmanın değinmediği hipertansiyon da yer almaktadır.

Panik atak anında damarlarda büzüşme ve kalpte hızlanma sebebiyle kan basıncı yükselir. Yükselip düşen bu tansiyona "oynak tansiyon" denmektedir. Yükselen tansiyon sebebiyle bazen hastaya yanlışlıkla hipertansiyon teşhisi konur ve ilaç tedavisine başlanır. Bu yaklaşım, panik bozluk tanısı almış hastaların var olan kaygı durumunu daha da artırmaktadır. Panik bozukluk tanısı alan hastalar, hipertansiyon hastası olduğuna yönelik düşüncelere odaklanarak var olan bedensel belirtileri hipertansiyona bağlayabilmektedirler. Bundan dolayı hastalar, sürekli tansiyonunu ölçmekte ve hipertansiyon nedeniyle beyin kanaması geçireceğine yönelik yoğun bir kaygı ve korku durumu yaşamaktadırlar.

Panik bozukluğuna yönelik yapılan birçok çalışmaya göre ilk panik atak öncesi zorlayıcı yaşam olaylarının varlığı tespit edilmiştir. Bu zorlayıcı yaşam olaylarının belirlenmesi, ruh sağlığı açısından koruyucu ve önleyici tedbirlerin alınmasına da katkı sağlayacaktır.

Panik bozukluk tanısı almış hastaların tedavisinde ilaç + psikoterapi yaklaşımı, bilimsel olarak kanıtlanmış bir tedavi yaklaşımıdır. Bu bilimsel kanıta rağmen sağlık kurumlarında panik bozukluk tedavisinde psikoterapi uygulanma oranı yetersiz bir düzeydedir. Bu yetersiz tedavi yaklaşımları nedeniyle hastalar, yıllarca gereksiz bir biçimde hastane kapılarından ayrılamamaktadırlar. Panik bozukluğun tedavisinde biyolojik durumu düzelten ilaçların yanı sıra hastanın psikolojik durumunu düzeltmek için de psikoterapi olmazsa olmaz bir tedavi yaklaşımıdır.

KAYNAKLAR

Abanoz, Z. Z. ve ark., 2008, Panik Bozukluğunda Eş Tanı ve Bozulmuş Yeme Semptomla Türkiye'de Psikiyatri / Cilt 10 - Sayı 3.

Aksoy, U. M., 2006, Obsesif Kompulsif Bozukluk ve Panik Bozukluğu Hastalıklarındaki Cinsel İşlev Bozukluklarının Karşılaştırılması, Uzmanlık Tezi, Bakırköy Ord. Prof. Dr. Mazhar Osman Ruh Sağlığı ve Sinir Hastalıkları Eğitim ve Araştırma Hastanesi (yayınlanmış), s. 75.

Alessi, N. E. ve ark., 1987, Panic and depressive disorders among psychiatri-cally hospitalized adolescents. Psychiat Res 20: 275-283.

Alkın, T., 2002, Birinci Basamakta Panik Bozukluğu Tedavisi, Dokuz Eylül Üniversitesi Tıp Fakültesi Psikiyatri Ana Bilim Dalı, İzmir Klinik Psikiyatri, Ek 3. 22-26-27-31.

Alper, Y., Bayraktar, E. ve Karacam, Ö., 2001, Herkes İçin Psikiyatri, 1. Baskı, Gendaş Yayınları, 268, İstanbul.

Altıntaş, E. B., 2006, Panik Bozuklukta Yaşam Kalitesi: 3 Aylık İzlem Çalışması, Ruh Sağlığı ve Uzmanlık Tezi, Çukurova Üniversitesi Tıp Fakültesi Psikiyatri Ana Bilim Dalı, s. 16.

Alver, E., 2014, http://www.metafikir.com/tag/freud/

American Psychiatric Association, 1994, Diagnostic and Statistical Manual of Mental Disorders, Fourth Edition (DSM-IV) Washington DC, (Çev. Ed.: E Köroğlu), Hekimler Yayın Birliği, Ankara, 1995.

Amerikan Psikiyatri Birliği, 2014, DSM-5 Tanı Ölçütleri Başvuru Elkitabı, (Çev. Ed.: E. Köroğlu), Boylam Psikiyatri Enstitüsü Hyb Yayıncılık, Ankara.

Amering, M., Katschnig, H., 1990, Panic attacks and panic disorder in cross-cultural perspective. Psychiatr Ann. s. 511-516.

Angst, J., 1998, Panic Disorder: History and epidemiology. Eur. Psychiatry, 13(suppl.2): s. 51-55.

Arıkan, K., http://www.kemalarikan.com/hipertansiyon-ve-psikiyatri.html (Erişim tarihi: 25 Şubat 2014).

Aronson, T. A., Logue, C. M., 1988, Penomenology of panic attack: a descriptive study of panic disorder patients self reports. J Clin. Psychiatry, 49: 8-13

Arslanoğlu, K., 2007, Psikiyatri Elkitabı, 1. Baskı, İthaki Yayınları, 528, İstanbul.

Atabek, E., www.webokul.com (Erişim tarihi: 01 Kasım, 2014).

Atalay, N. D., Bayraktar, E., 1992, Panik Bozukluk. İzmir: Ege Üniversitesi Tıp Fakültesi Yayınları s. 141.

Atkınson, R. L., Atkınson, R. C. and Smıth, E. E., Bem, D. J., Hoeksema, S. N., 2002, Psikolojiye Giriş, (Çev: Y. A.) 2. Baskı, Arkadaş Yayınları, Ankara.

Aysev, A., Taner, Y., 2007, Çocuk ve Ergen Ruh Sağlığı ve Hastalıkları. Gohnson & Gohnson, Cilt 1.

Barlow, D. H. ve ark., 1994, Definitions of panic attacks and panic disorder in the DSM-IV: implication for research. J Abnorm Psychol, 103: 553-564.

Barniç, T. A., 2013, Panik Bozukluk Tanısı Almış Hastalarda Uygulanan Tedavi Yöntemleri ve Psikoterapi Uygulanma Oranının İncelenmesi, Yüksek Lisans Tezi, St. Clements University Psikoloji Ana Bilim Dalı, (yayınlanmamış).

Barniç, T. A., 2014, "Panik Bozukluk ve Hipertansiyon İlişkisinin İncelenmesi" Doktora Semineri, Psikolojim Dergisi Mayıs Sayısı, s.12-19.

Barniç, T. A., 2015, Panik Bozukluk Tanısı Almış Hastaların Ortak Yaşam Olaylarının İncelenmesi, Doktora Tezi, St. Clements University Psikoloji Ana Bilim Dalı, (yayınlanmamış).

Berksun, E. O. (Tarihsiz), Anksiyete ve Anksiyete Bozuklukları, 54.

Berrios, G. E., 1996, The history of mental symptoms: Descriptive psychopathology since the nineteenth century. United Kingdom. Cambridge University Press.

Biber, B., Alkın, T., 1999, Panic disorder subtypes: differential responses to CO2 challenge. Am J Psychiatry; 156: 739744.

Birmaher, B., Ollendick, T. H., 2004, Childhood-onset panic disorder. In: Ollendick TH, March JS (eds) Phobic and anxiety disorders in children and adolescents. Oxford University Press, New York, 306-333.

Black, D. W., Wesner, R., Bowers, W., Gabel, J. A., 1993, comparison o fluvoxamine, cognitive therapy, and placebo in the treatment of panic disorder. Arch Gen Psychiatry; 50: 44-50.

Boscarino, J. A. ve Adams, R. E., 2009, Peritraumatic panic attacks and health outcomes two years after psychological trauma: Implications for intervention and research. Psychiatry Res, 167(1-2): 139-50.

Breier, A., Charney, D. S., Heninger, G. R., 1985, The diagnostic validity of anxiety disorders and their relationship to depressive illness. Am J Psychiatry; 142: 787-797.

Briggs, A. C., Stretch, D. D., Brandon, S., 1993, Subtyping of panic disorde by symptom profile. Br J Psychiatry; 163: 201-209.

Cannon, W. B., 1929, Bodily Changes in Pain, Hunger, Fear and Rage, Appleton, New York.

Carrera, M., Herran, A., Ayuso Mateas, J. L., Sterra- Biddle, D. et al., 2006, Quality of life in earlyphases of panic disorder : Predşctive factors. Journal of Affective Disorders, Article in Press.

Ceylan, M. E., Yazan, B., 2000, Araştırma ve Klinik Uygulamada Biyolojik Psikiyatri, 3.Cilt, Anksiyete Bozuklukları. 1. Baskı.

Coleman, V., (Tarihsiz), Kaygı Bozukluklarının Sebepleri Nelerdir? s. 13-21.

Cowley, D. S., Flick, S. N., Roy-Byrne, P. P., 1996, Long-term course and outcome in panic disorder: anaturalistic follow-up study. Depress Anxiety, 2: s. 13-21.

Cüceloğlu, D., 2010, İnsan ve Davranışı, 20. Baskı, Remzi Kitapevi, İstanbul, s. 591

Çetin, M., 1995, Panik Bozuklukta Uzun Süreli Takip Sonuçları. Klinik Psikofarmakoloji Bülteni, 5: 1-4.

Çomu, M., 2014, "Hipertansiyonun derecesi" http://www.mediko.boun.edu.tr/files/Hipertansiyon.htm (Erişim: 25 Şubat 2014).

Davidson, G., Neale, J., 2004, Anormal Psikolojisi, (Çev. Ed.: İ Dağ). Türk Psikologlar Derneği Yayınları, Ankara.

Davidson, J. R. T., 1998, The long-term treatment of the panic disorder. J.Clin. Psychiatry; 59(suppl.8): 17-21.

Delia Marina, P., 2000, The quality of life in panic disorder. European Psychiatry, 15(2): 349-350.

Eaton, W. W., Kessler, R. C., Wittchen, H. U., Magee, W. J., 1994, Panic and panic disorder in the United States. Am J Psychiatry, 151(3): 413-420.

Engin, B., "Hipertansiyon (Tansiyon Yüksekliği): Nedenleri, belirtileri, tanısı ve tedavisi" http://www.sağlık.net/hipertansiyon.html (Erişim: 25 Şubat 2014).

Erdoğan, S., 2007, Panik bozukluğunun nörobiyolojisi. Klinik Psikiyatri, 10(Ek- 4): s. 3- 13.

Ergil, G., 2006, Panik Bozukluğu Hastaları ve Birinci Derece Akrabalarında Afektif Mizacı Araştırılması, Uzmanlık Tezi, Haydarpaşa Numune Eğitim ve Araştırma Hastanesi Psikiyatri Kliniği, (yayınlanmamış).

Ersoy, F. ve ark., 2003, Birinci basamakta anksiyete bozuklukları. Sted,12(8): s. 286-288.

Essau, C. A., 1999, Frequency of panic attacks and panic disorder in adolescents. Depress Anxiety, 9:19-26.

Faravelli, C., Paionni, A., 1999, Panic disorder: Clinicalcourse, etiology andprognosis. Panic Disorder: Clinical Diagnosis, Management and Mechanisms, DJNett, JC Ballenger, JP Lepine (Ed), London, Martin Dunitz.

Faravelli, C., Pallanti, S., Frassine, R. et al., 1988, Panic attacks with and without agoraphobia: a comparison. Psychopathology; 21: 51-56.

Faravelli, C., Webb, T., Ambonetti, A. et al., 1985, Prevalence of traumatic early life events in 31 agoraphobic patients with panic attacks. Am J Psychiatry; 142: 1493-1494.

Freidman, S., Paradis, C., Hatch, M., 1994., African-American and White Patients with Panic Disorder and Agoraphobia. Hospital and Community Psychiatry; 45:798-803.

Geçtan, E., 2010, Psikodinamik Psikiyatri ve Normaldışı Davranışlar 19. Baskı, Metis Yayınları, s. 275.

Geçtan, E., 2014, Türkçe'de Otto Rank, Otto Rank Doğum Travması ve PsikanalizdekiAnla-mıhttp://www.metiskitap.com/Catalog/Book/4476#Part (Erişim tarihi: 27 Kasım, 2014).

Gökler, I., 2005, Çocuk ve ergenlerde panik bozukluğu tartışmasında farklı bir boyut: Bilgi işleme yaklaşımı. Çocuk ve Gençlik Ruh Sağlığı Dergisi, 12(2): 83-91.

Güleç, C., Köroğlu, E., 1997, Temel Psikiyatri Cilt 1. Ankara: Hekimler Yayın Birliği.

Güllüzar Tunç, Ali Haydar Günver, İÖO file:///F:/şiddet%20dosyası/AİLE%20İÇİ%20ŞİDDET.ppt (Erişim tarihi: 20. Kasım, 2014).

Hoffman, S. G., Shear, M. K., Barlow, D. H., Gorman, J. M. et al., 1998, Effects of panic disorder treatmentson personality disorder charecteristics. Depress. Anxiety, 98(2): 116-123.

http://translate.google.com.tr/translate?hl=tr&langpair=en%7Ctr&u=http://panicatpanicattac.com/panic-attacks-in-children/ (Erişim tarihi: 01 Kasım, 2014).

http://www.mynet.com/haber/saglik/tavuk-mu-yumurtadan-yumurta-mi tavuktan-522072-1-2010.

İlhan, İ. Ö., Sayıl, I., "Ankara'nın Mamak İlçesinde Yapılan Bir Alan Çalışması-Zorlayıcı Yaşam Olayları ve Ruhsal Bozukluklar İlişkisi"

Kriz Dergisi 7(1):16file:///C:/Users/ user/Desktop/ortak%20ya%C5%9Fam%20olaylar%C4%B1.pdf (Erişim tarihi: 3 Kasım, 2014).

Kalyoncu, H., 2011, Ölüm Korkusu ve Panik Atak 1. Baskı, Boğaziçi Yayınları, 316, İstanbul, s.120.

Kan, A., Leventhal, R. M., Khan, S., Brown, W. A., 2002, Suicide risk in patients with anxiety disorders:a meta-analysis of the FDA database. *Journal of Affective Disorders*; 68 :183-190.

Kaplan H. I., Sadock, B. J., 1995, Comprehensive Textbook of Psychiatry/VI, Anxiety Disorders. Williams and Wilkins.

Kaplan, H. I., Sadock, B. J., 1998, Synnopsis of Pschiatry: Behavioral Sciences/ Clinical Psychiatry. Baltimore, s.185-378-381-383-594-602.

Kaplan, H. I., Sadock, B. J., 2004, Klinik Psikiyatri. (Çev. Ed.: Abay, E.) Nobel Tıp Kitapevleri, s. 189-219.

Kaplan, H. I., Sadock, B. J., Klinik Psikiyatri. (Çev. Ed.: H., Aydın, A., Bozkurt), Güneş Kitapevi, s. 214-221.

Karapıçak, K. Ö., Aslan, S., Utku, Ç., 2011, Bilişsel Davranışçı Psikoterapi ve Araştırmalar Dergisi, s. 43.

Katerndahl, D. A., Realini, J. P., 1997, Quality of life and panic-related work disability in subjects with infrequent panic and panic disorder. J Clin Psychiatry, 58(4): 153158.

Kavak, V., 2009, Panik Bozukluk Tanısı Almış Hastalarda Sosyal Fobi Görülme Sıklığının İncelenmesi, Yüksek Lisans Tezi, Maltepe Üniversitesi Sosyal Bilimler Enstitüsü, (yayınlanmamış), s. 62.

Kaya, N., 2010, Sorularla Panik Atak, 1. Baskı, Nesil Yayınları, İstanbul, s. 80-88-110-112-133-171-176-222.

Kaya, F., "Psikolojik Travma Nedir? http://www.psikolojistanbul.com/ portfolio/psikolojik-travma-nedir/ (Erişim tarihi: 25 Ekim, 2014).

Klein, D. F., Fink, M., 1962, Psychiatric reaction patterns to Imipramin. Am J Psychiatry, 119: 432-438.

Kocabaşoğlu, N., 2008, İ.Ü., Cerrahpaşa Tıp Fakültesi Sürekli Tıp Eğitimi Etkinlikleri Türkiye'de Sık Karşılaşılan Psikiyatrik Hastalıklar Sempozyum Dizisi No:62, s.175-184.

Köknel, Ö. (Söyleşi: Saka F.), 2007, 99 Sayfada Panik Atak, 1. Baskı, Türkiye İş Bankası Yayınları, s. 1-2-10-16-4752-65.

Köknel, Ö., 2004, Korkular Takıntılar Saplantılar, 5. Baskı, Akdeniz Yayımcılık, İstanbul, s. 143-144-148-154.

Köroğlu, E. (çeviren), 1994, Amerikan Psikiyatri Birliği. Mental Bozukluklar Tanısal ve Sayımsal El Kitabı, Dördüncü Baskı (DSM-IV), Ankara Hekimler Yayın Birliği.

Köroğlu, E. (çeviren), 2014, Amerikan Psikiyatri Birliği. Mental Bozukluklar Tanısal ve Sayımsal El Kitabı, Dördüncü Baskı (DSM-V), Ankara Hekimler Yayın Birliği.

Köroğlu, E., 2006, Kaygılarımız Korkularımız Nedir? Nasıl Baş edilir? 2. Baskı, HYB Yayıncılık, Ankara, s. 7-15-117120.

Köroğlu, E., 2011, Bilişsel-Davranışçı Psikoterapiler, 2. Baskı, HYB Yayıncılık, Ankara, s. 3.

Lepine, J. P., Chignon, J. M., Teherani, M., 1993, Suicide attempts in patients with panic disorder. Arch Gen Psychiatry; 50: 144-149.

Lepine, J. P., Pelissolo, A., Epidemiology, comorbidity and genetics of panic disorder. In: Nutt DJ, Ballenger JC, Lepine JP; eds. Panic Disorder: Clinical Diagnosis, Management and Mechanisms. London: **Martin Dunitz; 1999. Maier W. Buller R., 1988,** The course of panic attacks and agoraphobia. Arch Gen Psychiatry; 45: 501.

Manfro, G., Otto, M. W., Mc Ardle, E. T. et al., 1996. Relationship of antecedent stressful life events to childhood and family history of anxiety and course of panic disorder. J Affect Disord; 41: 135-39.

Marchesi, C., Cantoni, A., Fanto, S., Giannelli R. M., Maggini, C., 2005, The effect of pharmacotherapyon personality disorders in panic disorder: A 1-yearnaturalistic study. Journal of Affective Disorders, 89:189-194.

Marks, I. M., 1970, Agoraphobic syndrome (phobic anxiety state). Arch Gen Psychiatry 23: 538-553.

Massion, A. O., Dyck, I. R., Shea, M. T., Philips, K. A. et al., 2002, Personality disorders and time to remissionin generalized anxiety disorder, social phobia and panic disorder. Arch Gen Psychiatry 59:434-440.

McKenzie, K., 2006, Anksiyete ve Panik Atak, (Çev: Ü. Ş.) 1. Baskı, Morpa Kültür Yayınları, İstanbul, s. 176.

Michael H. Ebert, Peter T. Loosen, Barry Nurcombeç, 2003, Current Psikiyatri Tanıve Tedavi. Güneş Kitapevi, s. 328-340.

Myers, J. K., Weissman, M. M., Tischler, G. L. et al., 1980, Sixmonth prevalence of psychiatric disorders in three communities: Arch Gen Psychiatry 1984; 41: 959-967.

Neal, A. M., Nagle-Rich, L., Smucker, W. D., 1994, The presence of panic disorder among African-American hypertensives: A pilot study. Journal of Black Psychology. 20: 29-35

Noyes, R., Reich, J., Chiristiansen, J. et al., 1990, Outcome of panic disorder: Relationship to diagnostic subtypes and comorbidity. *Arch Gen Psychiatry*, 47: 809-818.

Oei, T. I., 1988, Method and Technique of Life Events Rese arch in Depression and Anxiety. Compr Psychiatry, 29(6): 566-574.

Oltmanns, T. ve ark., 2003, Anormal davranışlar psikolojisinde vaka çalışmaları (Çev. Ed.: İhsan Dağ). Türk Psikologlar Derneği Yayınları, Ankara.

On5yirmi5 "Tehlikeli Gen Mutasyonu Bulundu!" http://www. on5 yirmi5.com/haber/saglik/bilimselcalismalar/64403/ tehlikeli-gen-mutas yonu-bulundu.html (Erişim tarihi: 25 Ekim, 2014).

Onur, E., Alkın, T., Monkul, S., Fidaner, H., 2004, Panik-agorafobi spekturumu kavramı. Türk Psikiyatri Dergisi, 15: 215-227.

Ögel, K., Hipertansiyon ve Ruhsal Bozukluklar, http://www. ogelk.net/ makale/137-herkes-icin-ruh-sagligi-fiziksel hastaliklarda-ruhsal-dur um-hipertansiyon-ve-ruhsal-bozukluklar.html (Erişim tarihi: 25 Şubat 2014).

Özakkaş, T., 2011, Bütüncül Psikoterapi, 5. Baskı, Litera Yayınları, İstanbul, s. 471.

Özbey, Ç., 2004, Çocuk Sorunlarına Yapıcı Çözümler, İnkılap Kitapevi, İstanbul, s. 159-160.

Özkan, S., "Panik Atak ve Panik Bozukluk" www.psikiyatriktip.com (Erişim tarihi: 25 Ekim, 2014).

Özmen, M., "Çocuklukta travmaya maruz kalan hastalarda simgeleştirme" http://www.mineozmen.com/cocuklukta-travmaya-maruz-kalan hastalarda-simgelestirme/ (Erişim tarihi: 25 Ekim, 2014).

Öztürk, M. O., 2008, Psikanaliz ve Psikoterapi, 4. Baskı, Nobel Tıp Kitapevleri, s. 685.

Öztürk, M. O., 1988, Ruh sağlığı ve Bozuklukları, Ankara, s. 239-241.

Paykel, E. S., 1979, Causal Relationshıps betvveen Clinical Depression and Life Events JE Barrett ve ark (ed)., Stress and Mental Disorder, New York, Raven Press, s. 71-75.

Pırıldar, Ş., 2010, Psikiyatri "Panik Bozukluğu" Medikal Yayımcılık, s. 99-111.

Pichot, P. 1994, Nosological models in psychiatry. Br J Psychiatry, 164: 232-240.

Pollack, M. H., Otto, M. W., Sabatino, S. et al., 1996, Relationship of childhood anxiety to adult panic disorder: correlates and influence on course. Am J Psychiatry, 153: 376-381.

Psikolojik.gen.tr, 2014, "Agorafobi" http://www.psikolojik. gen.tr/ agorafobi.html

Rapee, R. M., 1988, Murrell E. Predictors of agoraphobic avoidance. J Anxiety Disord 1988; 2: 203-217.

Raskin, M., Peeke, H. V., Dickman, W., Pinsker, H., 1982, Panic and generalized anxiety disorders: developmental antecedents and presipitants. Arch Gen Psychiatry; 39: 587589.

Regier, C. A, Farmer, M. A., 1990, Comorbidity of mental disorders with alcohol and other drug abuse. JAMA, 264: 2511-2518.

Regier, DA, Boyd JH, Burke JD Jr, Rae DS, Myers JK, Kramer M, Robins LN, George LK,Karno M, Locke BZ. 1988, One-month prevalance of mental disorders in United States: based on five Epidemiologic Catchment Area sites. Arch Gen Psychiatry, 45:977-986

Reich, J., Noyes, R., Troughton, E., 1987, Dependent personality associated with phobic avoidance in patients with panic disorder. Am J Psychiatry; 144: 323-326.

Russell Noyes Jr., Rudolf Hoehn- Saric., 1998, Anksiyete Bozuklukları.csa Medikal& Paramedikal Yayıncılık, s:86.

Salvador-Carulla, L., Segur, J., Fernandes-Caro, P., Canet, J., 1995, Costs and offset effect in panic disorders. British Journal of Psychiatry, 53(2): 213-218.

Savaş, N., çocuk ve şiddet file:///f:/şiddet%20dosyası/ çocuk%20ve%20 şiddet.ppt (erişim tarihi: 20. Kasım, 2014).

Saygılı, S., Karamustafalıoğlu, O., 2010, Düşünen Adam Psikiyatri ve Nörolojik Bilimler Dergisi, Cilt 23, Sayı 1.

Saygılı, S., 2010, Panik Atak Rehberi, 1. Baskı, Türdav Basım ve Yayım, 16440, İstanbul, s. 96.

Sergui, J., Marquez, M., Garcia, L. et al., 1999, Differatial Clinical Features of Early-Onset PanicDisorder. Journal of Affective Disorders, 54: 109-117.

Sevin, B. H., 1987, Mitral valve prolapse, panic states and anxiety. Psyciatr Clin. North Am, 10:1,141-150.

Sevinçok, L., Akoğlu, A., 2001, Panik ve Depresyon: Etiyoloji, Tanı ve Eştanı Sorunları Duygudurum Dizisi; Aydın, 5: 215-227.

Share., "Genetik Hastalıklar Panik Bozukluğu?" http://translate. google.com.tr/translate?hl=tr&langpair=en%7Ctr&u=http://www.mesrahealth.com/psychology/panic-disorder-a-genetic-illness (Erişim tarihi: 01 Kasım, 2014).

Sheehan, E., 1999, Kaygı Bozuklukları (Çev. Ed.: M. Sağlam) Alfa Basın Yayım, s. 3-7.

Sheikh, J. I. ve ark., 2002, Gender differences in panic disorder: findings from the National Comorbidity Survey. Am J Psychiatry, 159(1): 55-8.

Siegel, L., Jones, W. C., Wilson, J. O., 1990, Economic and life consequences experienced by a group of individuals with panic disorder. Journal of Anxiety Disorders; 4(3): 201-211.

Smoller, J. W., 2008, Influence of RGS2 on anxiety-related temperament, personality, and brain function. Arch Gen Psychiatry, 65(3): 298-308.

Sönmez, S., 2006, Panik Bozukluğunda Davranış Değişiklikleri, Uzmanlık Tezi, Prof. Dr. Mazhar Osman Bakırköy Ruh Sağlığı ve Sinir Hastalıkları Eğitim ve Araştırma Hastanesi (yayınlanmış).

Sözen, Ş., Aile içi şiddet ve çocuk istismarı file:///f:/şiddet%20 dosyası/aile%20içi%20şiddet%20ve%20%20ç cuk%20istismarı.ppt (Erişim tarihi: 20 Kasım 2014).

Sullivan, H. S., Psikolojik Bozuklukların Temelleri, (Çev: T. G.) 1. Baskı, Yeryüzü Yayınevi, Ankara.

Sungur, M., 1997, Fobik Bozukluklar. Psikiyatri Dünyası, 1: 5-11.

Şirin, R. Ş., 2011, Çocuk Hakları ve Medya, Çocuk Vakfı Yayınları, I. Türkiye Çocuk Hakları Kongresi, 13: 163, İstanbul.

Thyer, B. A, Parrish, R. T., Crutis, G. C. et al., 1985, Ages of onset of DSM-III anxiety disorders. Comp Psychiatry; 26: 113-122.

Torgersen, S., 1986, Childhood and family characteristics in panic and generalized anxiety disorders. Am J Psychiatry; 143: 630-632.

Tuncer, Ö., 1995, Psikosomatik açıdan panik bozukluk. Kriz Dergisi, 3: 1-2.

Tural, Ü., 2012, Anksiyete Bozuklukları Kocaeli Üniversitesi Tıp Fakültesi Psikiyatri Ana Bilim Dalı 5. Dönem Ders Notları, s. 57.

Tural, Ü., "Ansiyete Bozuklukları", http://tip.kocaeli.edu.tr/docs/ders_notlari/u_tural/anksiyete.pdf (Erişim tarihi: 25 Şubat 2014).

TÜBİTAK Bilim ve Teknoloji Dergisi-Psikoloji Köşesi

"Depresyon: Öğrenilmiş, Çaresizlik" http://www.biltek.tubitak.gov.tr/gelisim/psikoloji/depresyon.htm (Erişim tarihi: 25 Ekim, 2014).

Tükel, R., 1992, Panik bozukluklarında gelişim, klinik seyir ve panik atakları ile agorafobi ilişkisi. Türk Psikiyatri Dergisi 3: 18-29.

Tükel, R., 1997, İstanbul Üniversitesi İstanbul Tıp Fakültesi Psikiyatri Ana Bilim Dalı, Psikiyatri Dünyası, İstanbul, 1: 4-5-6-12-13-17.

Tükel, R. Panik Hastasına Yaklaşım: Klinik Görünüm, Ayırıcı Tanı ve Tedavi İlkeleri.

Tükel, R., 2002, Panik bozukluğu. Klinik Psikiyatri, 5 (Ek 3): 1-5-2-12-13

Tükel, R., 2009, "Psikiyatri: Anksiyete Bozukluklar" İstanbul Üniversitesi Tıp Fakültesi Yayın No: 2009/1: s. 58-66.

Türkçapar, H. M., 2010, Panik Bozukluk ve Agorafobinin Bilişsel Davranışçı Tedavisi, Bilişsel Davranışçı Terapiler Derneği.

Türkçapar, H., Sungur, M. Z. ve Sargın E., Psikoterapi Yöntemleri, 1. Baskı, HYB Basım Yayın, Ankara, s. 229.

Tweed, J. L., Schoenbach, V. J., George, L. K., Blazer, D. G., 1989, The effects of childhood parental death and divorse on six-month history of anxiety disorders. Br J Psychiatry; 154: 823-828.

Uhde, T. W., Boulenger, J. P., Roy-Byrne, P. P. et al., 1985, Longitudinal course of panic disorder: clinical and biological considirations. Prog Neuropsychopharmacol Biol Psychiatry; 9: 39-51.

Ustun, T. B., Sartorius, N., 1995, Mental Illness in General Health Care: An International Study. Chichester: Wiley; 1995.

VVittchen, H.-U., Essau, C. A., 1993, Epidemiology of Panic D sorder: Progress and Unresolved Issues. J Psychiat Res, 27(l): 47-68.

Weissman, M. M., Bland, R. C., Canino, G. J., 1997; The Cross-national Epidemiology of Panic Disorder.Arch Gen Psychiatry, 54: 305-309.

Weissman, M. M., 1990, Panic Disorder: İmpact of uality of Life American Psychiatric AssosiationSymposium: Strategics for Long Term Treatment. Journalof Clinical Psychiatry, 52(2): 6-8.

Whitaker, A., 1990, Uncommon troubles in young people: Prevalence estimates of selected psychiatric disorders in a nonreferred adolescent population. Arch Gen Psychiatry, 47: 487-496.

Wittchen, H. U., Essau, C. A., 1993, Epidemiology of panic disorder: progress and unresolved issues. J Psychiatry Res. 27(supl.1): 47-68.

World Health Organisation, 1993, The ICD-10 Classification of Mental and Behavioural Disorders. Diagnostic Criteria for Research, Geneva.

www.biricikdunyam.com., http://www.biricikdunyam.com/ cocuklara-yas-ve-kayip-konulari-nasil-aktarilmali/ (Erişim tarihi: 25 Ekim, 2014).

Yalom, I., 1999, Varoluşçu Psikoterapi, (Çev.: Z. İ. Babayiğit), Kabalcı Yayınevi, İstanbul, s. 14-21-70.

Yolaç, P., (Tarih bilinmiyor), Travma Kaynakları ve Sonuçları.

Yonkers, K. A., Zlotnick, C., Allsworth, J. et al., 1998, Is the course of panic disorder the same in the women? Am J Psychiatry, 155: 596-602.

Yüksek, N., 2001, Ruhsal Hastalıklar, Çizgi Tıp Yayınevi, Ankara, 173-183.

Zuckerman, M., 1999, Vulnerability to psychopathology, A biosocial model. (pp. 102-115), Washington D.C.: APA.

EKLER

Ek 1. Hayat Özeti

Yaş/Yıl	Deneyim Sağlık, Aile, Eğitim/İş, Önemli yaşam olayları vb.	Anlam O sırada bu benim için ne anlama geliyordu (örn. Yalnızdım, sevilmiyordum, haksızlık edildi; diğerleri beni incitti, reddedildim)
0-5		
6-10		
11-15		
16-20		

Kaynak: www.bilisseldavranisci.org.

Ek 2. Panik Bozukluk Ortak Yaşam Anketi

Aşağıdaki anketi ilk panik atak geçirmeden önceki dönemlerinizi dikkate alarak cevaplayınız.

1. Aile içi şiddet yaşadınız mı?
2. Yaşadığınız travma oldu mu?
3. Kayıp ve yas yaşadınız mı?
4. Ölüm korkunuz var mıydı?
5. Hasta olmaktan korktunuz mu?
6. Okul döneminiz nasıl geçti?
7. Küçümseme veya aşağılama duygusu yaşadınız mı?
8. Cinsel istismara uğradınız mı?
9. Çocukluk döneminde anne-baba ayrılığı yaşadınız mı?
10. Evlilik ve ilişki durumunuz nedir?

Not: Belirtmek istediğiniz farklı bir olay veya durumu lütfen not olarak yazınız!

Ek 3. Psikiyatri Uzmanı Anket Formu

1. **Günlük tedavi edilen panik atak hasta sayınız?**
   a) 0-5
   b) 6-10
   c) 11-15
   d) 16-20
2. **Panik atak hastalarınızı psikoterapiye yönlendirme oranınız nedir?**
   a) %0-%10
   b) %11-%20%
   c) %21-%50
   d) Diğer
3. **Panik bozukluğunda tedavi yaklaşımınız**
   a) İlaç
   b) Psikoterapi
   c) İlaç + psikoterapi
   d) Alternatif tedaviler
4. **Panik atak tedavisinde psikoterapi önemli bir tedavi yaklaşım mıdır?**
   a) Hayır çünkü ilaç yeterli bir tedavidir.
   b) Evet çünkü psikoterapi önemli bir tedavi yaklaşımıdır.
   c) Hayır çünkü toplumumuzda önemi kavranamamıştır.
   d) Diğer
5. **Hastanenizde psikoterapi yapılmama nedenleri nelerdir?**
   a) Talep yetersizliği
   b) İdari-yönetim
   c) Hasta yoğunluğu
   d) Terapist eksikliği
   e) Ücret yüksekliği
   f) Hepsi

Ek 4. Hasta Tedavi Süreci Anket Formu

1. **Panik bozukluğu tedavisinde psikoterapinin önemini hakkında bilginiz var mı?**
   a) Evet
   b) Hayır
2. **Psikiyatri uzmanı sizi psikoterapiye yönlendirdi mi?**
   a) Evet
   b) Hayır
3. **Hangi tedavi yaklaşımı gördünüz?**
   a) İlaç
   b) Psikoterapi
   c) İlaç + psikoterapi
   d) Alternatif tedaviler
4. **İlaç tedavisi sonrası tedavi durumunuz**
   a) İyileştim.
   b) Hastalığım aralıklarla devam ediyor.
5. **Kaç senedir panik bozukluk tedavisi görmektesiniz?**
   a) 0-1
   b) 2-3
   c) 4-10
   d) 11-20
   e) Diğer

Ek 5. Bilgi Edinme Başvuru Formu

Başvuru Numarası: 2065

Başvuru Tarihi: 24.05.2012

TC Kimlik Numarası:

Başvuru Sahibinin Adı - Soyadı: Ali Turan Barniç

Cevap Şekli: Elektronik

E-Posta Adresi: abarnic@hotmail.com

Oturma Yeri veya İş Adresi:

İstenilen Bilgi ve Belgeler: Sağlık Bakanlığı Devlet ve özel hastanelerde çalışan ruh sağlığı uzmanı ve psikolog sayılarının yaptığım tez çalışması nedeniyle tarafıma bildirilmesini rica ederim.

Saygılarımla,

Ali Turan Barniç

Ek 6. Bilgi Edinme Başvurusu - Cevap Bilgileri Formu

Cevap Tarihi/Saati: 28.05.2012 11.23

Başvuru Sahibinin Adı - Soyadı: Ali Turan BARNİÇ

Başvuru Sahibinin E-Posta Adresi: abarnic@hotmail.com

Cevaplayan Kişi/Birim: SAĞLIĞIN GELİŞTİRİLMESİ GENEL MÜDÜRLÜĞÜ (BILGI EDINME)

Verilen Cevabın Konusu:

Verilen Cevabın Niteliği: Olumlu

Cevap Olarak Eklenen Evrakın Adı: Ruh sağlığı psikolog. xlsx

Verilen Cevap: Sayın ilgili, başvurunuz hakkında ilgili birimin cevabı ekte gönderilmektedir.

Ek 7. Türkiye Geneli Ruh Sağlığı Uzmanı ve Psikolog Sayıları

Unvan/Branş	Ruh Sağlığı ve Hast.			Psikolog		
İl	**Sb**	**Üniversite**	**Özel**	Sb	Üniversite	Özel
Adana	37	7	19	42	4	10
Adıyaman	8			12		
Afyon	5	4	2	9		2
Ağrı	5			5		
Aksaray	4			4		
Amasya	5			6		
Ankara	55	47	87	129	47	29
Antalya	22	9	19	24	5	13
Ardahan	1			3		
Artvin	4			3		
Aydın	11	4	3	13	1	4
Balıkesir	13	3	10	15		9
Bartın	2			3		
Batman	6		1	9		2
Bayburt	2			2		
Bilecik	3			1		
Bingöl	3			4		
Bitlis	2			6		
Bolu	11	4	1	9	2	
Burdur	5			5		
Bursa	26	5	24	34	14	7
Çanakkale	6	2	1	8	2	
Çankırı	3			4		
Çorum	6			8	1	
Denizli	13	8	8	12	4	4
Diyarbakır	15	11	3	33	4	2

Düzce	4	3	1	3	1	2
Edirne	7	7	1	6	5	
Elâzığ	20	2	2	12	2	
Erzincan	4			6		
Erzurum	11	5	1	12	2	
Eskişehir	9	7	6	11	3	4
Gaziantep	14	4	5	20	1	3
Giresun	6		4	5	1	1
Gümüşhane	1			2		
Hakkâri	3			6		
Hatay	15	1	3	16		2
Iğdır	3			3		
Isparta	7	4		7	1	
İstanbul	191	65	180	136	51	132
İzmir	49	30	47	65	32	32
Kahramanmaraş	12	2	2	10	2	
Karabük	4		1	4		2
Karaman	3			4		
Kars	3	3		4	1	
Kastamonu	5			4		1
Kayseri	12	6	7	13	9	3
Kırıkkale	4	4	1	4		
Kırklareli	4		2	7		
Kırşehir	3			5		
Kilis	2			1		
Kocaeli	23	8	8	25	4	12
Konya	23	11	6	22	4	1
Kütahya	8		1	7	1	2
Malatya	8	4	3	9	3	1
Manisa	30	6	2	28	2	3
Mardin	9		1	12		
Mersin	17	4	4	24		2
Muğla	11		3	11	1	5

Muş	4			4		
Nevşehir	4			4		1
Niğde	5			7	2	
Ordu	10			10		3
Osmaniye	6			4		
Rize	5		2	6		1
Sakarya	11		4	11		2
Samsun	24	6	8	20	4	4
Siirt	1			3		1
Sinop	4			3		
Sivas	8	2		8	5	1
Şanlıurfa	16	2	2	16	1	
Şırnak	3			3		
Tekirdağ	8	2	4	7		4
Tokat	8	3		10	1	
Trabzon	15	3	6	23	2	3
Tunceli	2			3		
Uşak	6			5		
Van	12	1		27	1	1
Yalova	3		1	5		2
Yozgat	7			7	1	
Zonguldak	6	3	2	9	1	
Toplam	**966**	**302**	**498**	**1102**	**228**	**313**

YAZAR HAKKINDA

Ali Turan Barniç, 1979 doğumludur. Pazarlama, işletme lisans eğitimleri almıştır. Yüksek lisans ve doktorasını psikoloji alanında yapmıştır. Satış ve pazarlama ağırlıklı yirmi yıllık iş deneyimine sahip olan Barniç, 1995 yılında başladığı iş hayatında; Toprak Kâğıt, Metro Grossmarket, Saray Gıda, Vakıf Emeklilik, Finans Emeklilik, BNP Paribas Cardif, Moral Psikiyatri Merkezi, Koçtaş gibi birçok kurumda farklı pozisyonlarda (yönetici, danışman, temsilci, eğitmen vb.) görevlerde bulunmuştur. 2011 yılı itibariyle kariyerini eğitmenlik yapmaya yönelik biçimlendirmiştir. Yazarın; psikoloji, iş dünyası, edebiyat alanında toplam on kitabı yayımlanmıştır.

Barniç, insanın biyopsikososyal gelişim modeline ilgi duymuştur. Bu kapsamda Hümanite Psikiyatri Hastanesinde Prof. Dr. Sedat Özkan moderatörlüğünde klinik psikoloji stajını yapmış ve hastanede farklı uzmanlar tarafından verilen psikoeğitimlere katılmıştır. Psikoloji ve psikoterapi uygulamalarına katılarak kendini geliştirdi. Sayısız eğitimlere katılan Barniç, iş deneyimlerini psikoloji bilimiyle birleştirerek ve bu kapsamda bireysel ve kurumsal eğitimler, koçluk ve danışmanlık hizmeti vermektedir.